Andre Cedric Nsonge Bindop

Pourquoi?

Andre Cedric Nsonge Bindop

Pourquoi?

Éditions Muse

Imprint

Cover image: www.ingimage.com

Publisher:
Éditions Muse
is a trademark of
International Book Market Service Ltd., member of OmniScriptum Publishing Group
17 Meldrum Street, Beau Bassin 71504, Mauritius
Printed at: see last page
ISBN: 978-620-2-29863-6

POURQUOI ?

INTRODUCTION

Pourquoi tant de maux, de larmes, de douleurs, de pleurs, de guerres, de divisions, de crises, de rivalités ? Toutes ces questions sont celles que nous nous posons tous en ce moment car notre monde semble au bout de l'effondrement ; effondrement de la société, de la morale, de la famille, de la stabilité. Quel que soit l'endroit, le pays, le continent où on se trouve, il y'a un problème qui impacte l'existence dont la recherche des solutions devient urgents. Nous sommes donc obligés de constater que les *immenses espoirs que l'humanité avait placés dans la civilisation moderne, cette civilisation n'a pas été capable de développer des hommes assez intelligents et audacieux pour la diriger sur la route dangereuse où elle s'est engagée. Les êtres humains n'ont pas grandi en même temps que les institutions issues de leur cerveau. Ce sont surtout la faiblesse intellectuelle et morale des chefs et leur ignorance qui mettent en danger notre civilisation.*[1] Devant un tel constat est que nous devons nous résigner à notre sort disant que tout est perdu ? Ma réponse est non car avoir une vie de succès dans la paix, la joie, la concorde est toujours possible mais cela nécessite une prise de décision immédiate par tous les lecteurs de cet ouvrage, car un diagnostic doit être posé et de nouvelles habitudes doivent être prises, consciemment ou inconsciemment, pour que le succès soit possible.

Pourquoi ? C'est l'analyse froide de la situation sociale, politique, morale et sécuritaire que traverse notre monde et des propositions de solutions pour créer les conditions d'un monde meilleur élagué de tous les travers.

Cette terre dans laquelle nous vivons passe en ce moment par plusieurs crises (guerres, terrorisme, crises sociales multiformes, changements climatiques, catastrophes naturelles, pandémies, endémies, épidémies…) qui déstabilisent son équilibre précaire. Aujourd'hui, c'est la pandémie du Covid19 qui ravit la vedette, en paralysant l'économie mondiale (plus de quatre milliards de personnes confinées, plus d'un million de morts, les frontières bloquées, les entreprises en faillite, le prix du pétrole en déclin…) avec son lot de victimes. Tout ceci suscite de nombreuses interrogations :

---

[1]*L'homme cet inconnu* de Alexis Carrel

- Que s'est-il passé ?

Dans un siècle de vitesse où les nations se vantaient d'avoir atteint un niveau de développement technologique impressionnant, comment n'a-t-on pas pu prédire une telle catastrophe ? Pendant que les nations se concentrent à développer des armes ultra sophistiquées pour préparer ou prévenir d'éventuels conflits, comment un petit virus grippal a-t-il pu surprendre tout le monde et faire des centaines de milliers de morts tout en réussissant à dicter de nouveaux comportements ? Comment les Etats en optant pour les mesures d'austérité ont pu sacrifier la santé humaine en privilégiant les secteurs qui n'ont rien à voir avec la vie ? Ceci nous amène à relever l'incapacité de l'homme à anticiper ou à empêcher que des fléaux qui s'abattent sur lui ne le déséquilibrent.

- Comment en sortir ?

C'est là toute la différence car au lieu de se limiter à constater, nous devons plutôt chercher des solutions pour en sortir et ceci passe par la réinvention du modèle de gestion de notre vie et de notre environnement. Dans l'optique d'en sortir, je me suis mis à la recherche de la clé qui nous permettrait de reprendre le contrôle de notre existence. De manière générale, nous nous battons pour rechercher le succès qui nous garantirait la sécurité, le bien-être bref un avenir meilleur. Malheureusement, ceci se fait habituellement en violation des règles de base établies par le grand architecte de l'univers. Ces règles sont énoncées dans mon précèdent livre intitulé : *Vers un monde meilleur : les lois du succès* que je vous invite à lire absolument. Il faudrait donc redéfinir nos priorités en recherchant les solutions qui viseraient à préserver notre équilibre naturel sans le détruire et chercher à le remplacer par des solutions alternatives qui ne visent qu'à satisfaire nos ambitions, notre vanité et notre orgueil.

Face à la pandémie du Covid19 où la mort nous a démontré combien toute notre grandeur n'est que vanité, je nous invite à retourner aux sources pour rechercher cette clé qui nous permettrait de rebâtir un monde nouveau, sain, et agréable où l'homme, la nature et le divin seraient fiers de nous. N'oublions surtout pas que le créateur de l'univers nous a donné un rôle en tant qu'homme de gérer toutes les ressources de l'univers tout en sachant qu'un jour, nous serons appelés à rendre compte. Comme chaque événement impacte toujours les habitudes, je suis convaincu qu'après le passage de cet orage dévastateur, nos comportements ne seront plus les mêmes : les mentalités, les projections, les attitudes de tous auront changé et chaque instant comptera. Cet ouvrage dans une démarche pédagogique questionnera notre société toute entière en analysant la situation présente pour trouver ses failles et plus tard proposer des solutions adéquates.

Je tiens d'entrée de jeu à préciser que nous ne sommes pas venus sur cette terre pour être des éponges afin d'absorber toutes les misères et la pauvreté de ce monde. Mais nous sommes là pour être un phare, pour éclairer notre génération. Cependant pour être une lumière pour les autres, il faut soi-même être éclairé et ce n'est qu'à ce moment que nous porterions le flambeau pour éclairer nos proches. Pour que notre vie change, nous devons avoir le courage de nous lever, de prendre la clé et d'ouvrir la serrure du coffre de notre trésor. Si nous ne passons pas à l'action, nous n'aurons jamais accès au trésor.

Le vrai but de la vie c'est de devenir chaque jour meilleur qu'avant et d'aider les autres à le devenir en menant des actions concrètes qui nous rapprochent de notre objectif même si cette prise de décision devra changer notre conception du monde et nos croyances. Churchill disait : *Mieux vaut prendre le changement par la main avant qu'il ne vous prenne par la gorge,* donc nous devons faire le choix du genre de vie que nous voulons mener maintenant avant que les situations ne fassent le choix pour nous.

Quel est ton rêve ? Quel est le genre de vie que tu veux vivre ? Je souhaite que tes attentes les plus extraordinaires et tes projets soient couronnés de succès sur tous les plans et que tu vives la vie que tu auras rêvée avant d'aller retrouver tes pères le jour où tu quitteras cette terre.

L'homme est un mélange de poussière et du divin, un mélange du spirituel et du charnel. Ces deux entités cohabitent en l'homme c'est pourquoi, pour remporter les batailles physiques, il faut d'abord les remporter spirituellement. En définissant le succès dans mon précèdent ouvrage, j'ai dit que celui-ci doit rendre nous et notre entourage heureux, ce qui nous emmène à dire que quand nous avons le succès nous devons nous sentir heureux dans notre corps physique et dans notre esprit. Le succès qui ne procure pas la joie ne vaut pas la peine d'être recherché. Pour ajouter foi à ces propos, Jésus[2], le maitre par excellence dit : *Et que servirait-il à un homme de gagner tout le monde, s'il perdait son âme ? Ou, que donnerait un homme en échange de son âme*[3] ?

Je ne cesserai de le rappeler, le succès véritable est celui qui est à la quête d'un bonheur à la fois spirituel, émotionnel et physique. C'est celui qui recherche une satisfaction personnelle et une paix intérieure. Pour trouver la clé du succès, beaucoup d'entre nous courront çà et là à la rencontre des charlatans qui prétendent détenir la recette du succès et du bonheur ; hélas, leur vie à eux ne reflète pas la réussite ! Ils iront jusqu'à vous suggérer de procéder au sacrifice de vos proches pour qui vous vous battez pour avoir toutes ces richesses, posez-vous la question de savoir à quoi bon posséder tout l'or du monde sans personne avec qui le partager ? Dans votre course vers le succès, on vous proposera aussi des richesses sous des conditions rudes, des rituels ignobles, humiliants et indignes qui vous empêcheront même d'en jouir. Alors demandez-vous en ce moment-là : A quoi vous aura donc servi cette richesse si vous-même vous n'en jouissez pas ? Est-ce que cela vaut-t-il la peine de coucher avec sa propre maman, son enfant ou une folle… pour des biens passagers ? Quelle saveur cette richesse aura-t-elle ?

Après avoir planté le décor, nous sommes obligés de constater comme Alexis Carrel que : *l'inquiétude et les malheurs des habitants de la Cité nouvelle viennent de leurs institutions politiques, économiques et sociales, mais surtout de leur propre déchéance. Ils sont les victimes du retard des sciences de la vie sur celles de la matière. Seule, une connaissance beaucoup plus profonde de nous-mêmes peut apporter un remède à ce mal*[4]. Ceci nous conduira donc dans ce qui suivra de questionner l'homme dans son ensemble et en le faisant nous nous intéresserons à ce qu'il connait sur Dieu et sur lui-même, après cela nous questionnerons l'éducation qu'il reçoit afin de proposer les améliorations pour enfin harmoniser l'action de l'homme dans son environnement. Il est donc clair que la connaissance est l'unique clé qui garantit une réussite saine et durable sans souci ni contrainte. D'ailleurs, le créateur nous l'énonce quand il dit : *mon peuple périt faute de connaissance.* Si le manque de connaissance entraine la « mort » qui au sens figuré peut vouloir dire

[2]**Jésus de Nazareth** est un Juif de Galilée, né entre l'an 7 et l'an 5 av. J.-C

[3]Mathieu 16 :26

[4]*L'homme cet inconnu* de Alexis Carrel

échec, pauvreté, misère et autre, nous pouvons donc dire que la connaissance est la clé du succès.

Il vous est déjà arrivé d'imaginer combien nos gouvernements dépensent pour avoir la connaissance ? Combien d'argent est dépensé jusqu'à aujourd'hui pour connaître le remède de telle ou telle maladie ? Combien d'argent est dépensé pour posséder la connaissance d'une technologie particulière pour être en avance sur ses concurrents ? La réponse est beaucoup car comme on le dit si bien celui qui a la connaissance a le pouvoir. Et vous combien êtes-vous prêt à dépenser pour connaître cette clé du succès qui a permis à plusieurs de réussir dans tous les aspects de leur vie ?

PARTIE I

LA CONNAISSANCE DE DIEU

La connaissance est l'action de comprendre, de connaître les propriétés, les caractéristiques, les traits spécifiques de quelque chose. C'est aussi l'opération par laquelle l'esprit humain procède à l'analyse d'un objet, d'une réalité et en définit la nature. Enfin, c'est l'ensemble des domaines où s'exerce l'activité d'apprendre, de savoir. Elle comporte plusieurs branches mais avant d'entrer en profondeur dans le sujet, nous devons d'abord établir la différence entre la connaissance et la sagesse et discerner à quel moment ils interviennent respectivement.

Je tiens d'abord à préciser qu'il est possible d'avoir la connaissance sans la sagesse mais pas la sagesse sans la connaissance. Car la connaissance regroupe ce que nous avons appris et ce que nous apprenons de la vie et de par nos études, elle représente le fait de savoir, c'est-à-dire l'acte de connaître. Or, faire preuve de sagesse c'est prendre connaissance et conscience de toutes formes de vie et de richesse qui nous entourent, prendre conscience des leçons bonnes et mauvaises sur des choses qui nous arrivent, cultiver ses facultés mentales, tout en accordant ses actes à ses paroles. La sagesse caractérise la conscience de ce monde, la compréhension de ce monde et la faculté de s'y adapter à la lumière de conception de l'éthique.

Sagesse = connaissance + conscience

Pour atteindre le succès, il faut avoir la connaissance et ensuite il faut que ce désir de succès qui brûle à l'intérieur de nous nous fasse prendre conscience qu'il faut que cela change et nous pousse à passer à l'action pour que cela change véritablement. Nous pouvons avoir la volonté mais si nous n'avons pas la connaissance, nous irons d'échec en échec. La connaissance c'est la seule chose qu'on peut vous donner mais la prise de conscience et l'action c'est à vous d'appuyer sur le bouton *Play* ou sur *Go*.

Pour répondre à la question qu'elle est cette connaissance, BARUCH SPINOZA dit : *Le bien suprême de l'âme est la connaissance de Dieu ; et la vertu suprême de l'âme, c'est connaitre Dieu*[5]. Selon Baruch Spinoza la connaissance suprême c'est de connaître Dieu qui est le créateur et le pourvoyeur de toutes sortes de richesse. Mais en quoi celle-ci peut régler les problèmes de l'homme dans un monde en pleine mutation ? La réponse est simple l'homme est limité et cette crise nous l'a démontré à suffisance.

Dans un article du blog le pouvoir de changer avec pour titre Quelle importance cela a-t-il ? L'érudit d'Oxford C.S. Lewis a fait remarquer un jour que Dieu n'est pas le genre de sujet auquel on peut s'intéresser modérément. Après tout, si Dieu n'existe pas, il n'y a pas la moindre raison de s'intéresser à lui. Par contre, si Dieu existe, cela est du plus grand intérêt et il est primordial que nous nous demandions comment entretenir de bons rapports avec cet être de qui dépend chaque instant de notre existence. A son avis, l'existence de Dieu fait une différence énorme pour l'être humain. Voici deux raisons pour lesquelles l'existence ou la non-existence de Dieu fait toute la différence :

- **Si Dieu n'existe pas, la vie dans son ensemble est dépourvue de sens.**

S'il n'existe pas, ce que nous sommes et ce que nous faisons n'a aucune importance. Tous les efforts des êtres humains dans tous les sens (les efforts des nations pour préserver et garantir la paix dans le monde, les sacrifices pour améliorer le sort de l'humanité, les contributions intellectuelles à l'avancement de la connaissance humaine…) sont vains et la vie est dénuée de sens, en définitive. Si l'athéisme est dans le vrai, toutefois, l'humanité est vouée à périr sans un espoir d'une vie quelconque après la mort. Ce qui implique une vie sans espoir :

- Il n'y a aucun lieu d'espérer être délivrés de la vieillesse, de la maladie et de la mort
- Nous sommes captifs d'un monde où abondent le mal et les souffrances gratuites et injustifiées, et nous n'avons aucun espoir d'y échapper
- il n'existe aucune vie au-delà de la tombe

[5]Amsterdam 1632-La Haye 1677

Ainsi donc, toutes nos actions bonnes ou mauvaises n'auront servi à rien finalement sinon qu'à réguler, influencer, impacter nos rapports sociaux.

- **Par contre, si Dieu existe, la vie a un sens et l'espoir existe,**

L'existence de Dieu nous pousse à chercher à le connaître et ce faisant, nous découvririons l'un de ses traits de caractère qui est son amour envers nous les humains qui surpasse notre attitude. Vous est-il arrivé de penser comment Dieu peut vous aimer et souhaiter être votre ami ? Je crois à mon humble avis que ce serait le statut le plus élevé dont tout être humain puisse espérer en jouir ! Cette argumentaire peut nous permettre de dire comme L'érudit d'Oxford C.S. Lewis : *Si Dieu existe, cela fait non seulement toute la différence pour l'humanité en général, mais cela pourrait changer également votre vie du tout au tout.*

Ayant donc à l'esprit que la vie sans Dieu n'a vraiment pas de sens, nous sommes aussi amenées à constater que l'homme dans ses nombreuses missions a besoin de l'aide d'en haut pour faire des exploits. La question qu'on peut se poser maintenant est celle de savoir comment pouvons-nous savoir qui est Dieu aujourd'hui face à cette multiplication de dieux ? Lequel doit-il appeler à son secours en cas de besoins ?

CHAPITRE I :
LA CONNAISSANCE DE DIEU

Qui est Dieu ? Comment est-il né ? Et avant Dieu il y avait quoi ? Où habite-t-il ? Qui sont ses parents ? Voici des questions que nous nous posons tous. Il serait prétentieux de ma part de penser avoir la réponse à cette question, car je crois qu'il s'agit d'un mystère : une vérité qu'on peut comprendre selon nos croyances mais jamais parfaitement. Mais si je peux m'aventurer à vous faire comprendre un peu qui est ce Dieu, je m'appuierai sur l'histoire et les documents historiques.

La bible nous dit que Moïse a vu Dieu dans un buisson ardent, Bouddha a atteint l'éveil spirituel sous un arbre, Mahomet a reçu ses premières révélations sur une montagne. Y'a-t-il une conception unique de Dieu ? Qui est Dieu et comment les croyants du monde entier le conçoivent t-il ? Voici autant de questions que nous essayerons de répondre à la lumière des écritures.

Parlant du divin, deux courants de pensée émergent : le monothéisme qui regroupe ceux qui pensent que c'est une force unique qui contrôle l'humanité et le polythéisme qui regroupe ceux qui disent qu'il y'en a plusieurs. Nous allons analyser la conception de Dieu qu'ont les grands courants religieux.

Dans le monothéisme, Dieu est un Être éternel, unique, créateur et juge. Dans le polythéisme, c'est un Être supérieur doté d'un pouvoir sur l'homme et d'attributs particuliers. En étudiant les grands courants religieux, nous allons nous accorder sur le fait que Dieu soit unique ou non.

Examinons la conception du divin chez les hindouistes. D'après Wikipédia et d'autres sources historiques, l'Hindouisme est une religion polythéiste dominante du sous-continent Indien, en particulier en Inde et au Népal. C'est le rassemblement des croyants issus de l'ancien Panthéon védique éclipsé par la popularité de Shiva, de Vishou ou de Chrisna. L'hindouisme est aussi appelé religion aryenne (Arya Dharma), ce qui signifie religion noble. *Les hindous se définissent traditionnellement comme les adeptes du sanatana dharma ; loi cosmique universelle sans origine.* Lors des cérémonies religieuses hindoues (les puja), des fleurs et des fruits sont offerts. Les hindous croient en l'autorité du Veda qui, selon la tradition, fut révélée aux hommes de façon *non-humaine* par Brahma, et grâce à *l'audition* des Rishi. Les auteurs de textes védiques ne sont pas tous identifiés, ou bien de façon légendaire comme Vyāsa.

C'est l'une des plus anciennes religions du monde encore pratiquée qui n'a ni fondateur ni église. Avec près d'un milliard de fidèles dans 85 pays, c'est actuellement la troisième religion la plus pratiquée dans le monde après le christianisme et l'islam. La notion de religion, au sens judéo-chrétien du mot, s'applique difficilement à l'hindouisme, qui est organisé d'une façon très différente, jusque dans ses dogmes centraux. L'hindouisme se présente comme un ensemble de concepts philosophiques issus d'une tradition remontant à la protohistoire indienne, la pratique hindouiste étant sans doute issue d'une tradition orale très ancienne, proche de l'animisme. On retient parfois une tripartition historique qui fait de l'hindouisme la dernière phase du développement des religions en Inde, après le védisme (env. 1500-500 avant notre ère) et le brahmanisme (-600 à 500 de l'ère courante).

Au-delà du syncrétisme théologique, l'hindouisme d'avant les invasions islamiques et le colonialisme européen qui soumirent l'Inde à leur autorité était un vecteur pour toutes les sciences : le droit, la politique, l'astronomie, la philosophie, la médecine, etc. comme d'autres savoirs qui avaient en commun le substrat religieux.

Pour les indous, ils y'a des milliers de dieux et ils sont représentés par des statuettes en formes d'hommes, de femmes, certaines de ces statues n'ont même pas de formes et chaque famille a ses dieux. Ces dieux sont sollicités en fonction des circonstances et des problèmes car chaque dieu en Inde a une compétence dans un ou plusieurs domaines précis et il est uniquement invoqué pour cela. Pour invoquer ses dieux, il faut chanter en prononçant tous les noms de ces dieux. Les chants sont rythmés et après chaque nom vous devez lui offrir des fleurs. Tous ces dieux indous puisent leurs forces d'après eux dans une énergie qui n'est ni homme, ni femme. Et c'est cette énergie qui régit notre être. On ne peut pas lui donner un nom ou une image car c'est une énergie immatérielle. Pour les indous, tout cet ensemble est représenté par l'arbre de Brahman, c'est-à-dire un arbre avec plusieurs branches et feuilles.

Parmi les dieux hindous, nous pouvons citer : Prithvi, déesse considérée comme la Terre Mère. Le nom sanskrit pour la Terre. Agni, dieu du feu. Varuna, dieu des océans. Vayu, dieu du vent. Indra, dieu de la pluie, des éclairs et des tonnerres. Aranyani, déesse des forêts et des animaux. Brahma, dieu créateur. Vishnu, dieu conservateur. Shiva, dieu destructeur. Ganesha patron des arts et des sciences, Deva de l'intellect et dieu de la sagesse, de l'éducation et de la prudence, le patron des écoles et des travailleurs du savoir. Durga, également connue sous le nom de Durga Mata, Devi, Shakti et de nombreux autres noms - elle est une mère mais aussi une déesse guerrière.

Sans avoir besoin ici de parcourir toutes les divinités hindoues, nous pouvons conclure que l'hindouisme en pratique, est une religion aux dieux multiples mais derrière tous ces dieux se cache une seule énergie divine qui est la source. Cette énergie immatérielle qui n'a ni nom, ni image que j'appelle Dieu.

*

* *

Parlons du divin en Afrique et commençons par nous intéresser à l'Egypte antique et aux autres grands regroupements africains.

Chez les égyptiens on vénérait plusieurs dieux. A l'époque d'Akhenaton (Pharaon d'Egypte), la donne changea pour qu'il y'ait en Egypte un dieu majeur Aton le dieu soleil, qu'il soit le seul à être représenté et que tout le monde devait vénérer. Akhenaton fit fermer tous les autres temples qui représentaient la multitude des dieux en Egypte et congédia tous leurs prêtres. Cette décision n'eut pas un bon accueil. En l'an 3 500 avant Jésus Christ, Akhenaton créa la première religion monothéiste qui vénérait un seul dieu, le *dieu soleil.* A sa mort, son fils et successeur, Toutankhamon devenu roi à 9 ans, meurt à 19 ans et pendant cette période il modifia toutes les décisions de son père sous la pression des prêtres et on revint au pluri théisme. Tous les souvenirs du monothéisme furent effacés, même le sarcophage d'Akhenaton fut réduit en miette marquant ainsi la fin du monothéisme.

Comme dans l'hindouisme, les dieux en Egypte étaient aussi en grand nombre, ayant des rôles bien précis. Parmi eux on pouvait citer :

Aton : dieu solaire de l'Egypte antique. Il est représenté par un disque solaire qui distribue la vie grâce aux mains qui se trouvent à l'extrémité de ses rayons. Aménophis IV ou Akhénaton imposera son culte exclusif, il se dira en être le prophète et l'incarnation.

Horus : dieu du ciel, fils d'Isis et Osiris et ennemi de Seth. Il est représenté par un homme à tête de faucon. Il est coiffé de la double couronne (le Pschent). Les quatre *fils d'Horus* sont des divinités inférieures représentées sur les bouchons des vases canopes : Amset (à tête d'homme) qui garde le foie, Hâpi (à tête de babouin) qui garde les poumons, Douamoutef (à tête de chacal) qui garde l'estomac et Kébehsénouf (à tête de faucon) qui garde les intestins.

Imhotep : fils de Ptah et Khredou, il est le fonctionnaire déifié de Djoser. Il est également patron des scribes, guérisseur, sage, magicien et architecte de génie.

Isis : épouse et sœur d'Osiris et mère d'Horus. Isis est considérée comme la mère et la protectrice des pharaons. Son nom en hiéroglyphe signifie *siège*, elle le porte sur la tête. A une époque, on disait d'elle qu'elle était la personnification du trône. Plus tard, elle a été représentée avec un disque solaire entre des cornes de vache (attention à ne pas la confondre avec Hathor).

Osiris : il est l'inventeur de l'agriculture et de la religion et devient le souverain du monde de l'au-delà et le juge suprême des lois de Maât suite à son assassinat perpétré par son frère Seth. Il ressuscitera grâce à la puissance magique de ses sœurs Isis et Nephtys. Il est représenté sous la forme d'un roi momifié, enveloppé d'un linceul et coiffé de la couronne blanche (la couronne Hedjet de la Haute-Egypte).

Râ : il est le dieu du soleil. Il est représenté par un disque solaire sur une tête de faucon. Il voyage de jour comme de nuit dans la barque sacrée. Chaque lever de soleil était une victoire remportée par Râ sur le monde des ténèbres (symbolisé par Apophis).

Seth : dieu guerrier. Il est représenté comme un homme à tête d'animal non clairement défini. Il aide Râ à traverser le monde du dessous posté à la proue de la barque solaire.

Thot : dieu des scribes, il est l'inventeur de l'écriture et du langage et est détenteur de la connaissance. Il est représenté avec une tête d'ibis mais est quelque fois représenté sous forme de babouin. Inventeur de l'écriture, des chiffres, il est le patron du savoir. Les grecs virent en lui Hermès.

Taoueret : mélange d'hippopotame et de femme, à pattes de lion et queue de crocodile. Elle protège les femmes enceintes.

Sobek : dieu à tête de crocodile, il symbolise l'eau et la fertilité

Pour ce qui est des autres grands regroupements traditionnels africains, il est dit dans un extrait de l'encyclopédie Universalis paru sur le net *: Dans de nombreuses religions africaines, le créateur de toutes choses est la plupart du temps inaccessible au point que, si les hommes s'y réfèrent dans les mythes d'origine, ils ne s'adressent pratiquement jamais à lui. Chez les Dogon, le dieu créateur, Amma, est relativement présent, ses autels sont dans chaque famille et des sacrifices lui sont offerts ; pourtant les cultes principaux sont rendus aux ancêtres mythiques et au Nommo, créateur pratique du monde par la révélation progressive de paroles de plus en plus complexes. Sur la côte de Guinée, les Ashanti reconnaissent Nyamé, les Éwé Mawu, et les Yoruba Olorun. Ce dieu éternel et créateur est encore plus lointain qu'Amma ; vivant dans un ciel invisible, il laisse aux dieux secondaires le soin des affaires terrestres. Au Cameroun, Nyambé est tout-puissant et par là même ne demande rien aux hommes dont il s'est éloigné à la suite de ruptures d'interdits. Dans la région des Grands Lacs, au Kenya, Mulungu, omniprésent, est fréquemment invoqué pour une ultime et vague sauvegarde, mais les prières lui sont rarement adressées. Pour les populations nilotiques, Dieu est la totalité et l'on ne s'adresse à lui qu'après avoir épuisé en vain l'appel aux divinités intermédiaires tandis que, chez les Bochimans d'Afrique du Sud, Dieu semble s'être définitivement éloigné des hommes. Cette distance quasi générale du créateur, après avoir fait croire à des observateurs plus ou moins bien intentionnés à l'inexistence d'une représentation d'un principe originel chez les peuples d'Afrique noire, a entraîné des appréciations un peu hâtives quant à la nature réelle des relations des hommes avec le créateur*[6].

Les mythes en Afrique au sujet de Dieu sont très nombreux, complexes et variés. Dans un tel environnement où seule la tradition orale qui est propre à la culture africaine fait foi, il est très difficile de recenser de façon significative tous les symboles des rites et légendes qui font référence au divin. Nous pouvons regrouper toutes ces croyances africaines autour de trois points liés : L'existence d'un Dieu suprême, inaccessible aux humains et régnant sur l'Univers.

Les africains dans leur ensemble croient en l'existence d'un Être suprême qui a créé et gouverne l'ensemble de l'Univers. *Cette divinité s'inscrit dans un registre à*

[6] Extrait de Des dieux et divinités et des ancêtres tirés de l'encyclopédie Universalis

part au sein des différents panthéons. Elle porte le nom d'Amma chez les Dogon du Mali, de Juok chez les Chillouk (Shilluk) du Soudan. Au Togo, au Bénin et au Ghana le peuple Fon considère Mawu-Lisa, couple divin formé de la Lune et du Soleil et figurant par sa dualité l'équilibre de l'Univers, comme la Divinité suprême. Mawu représente le principe féminin, sa figure est associée au froid, à la nuit et à la fécondité. Lisa est le principe masculin incarnant la force. Le couple crée la Terre avec l'aide de Dan, le serpent cosmique, et engendre les quatorze divinités du panthéon. Pour les Yoruba, peuple du Bénin et du Nigeria, la divinité majeure est Olorun, ou Olodumaré, dieu du Ciel qui règne sur 400 Orisha (divinités secondaires) et sur les esprits de la nature. Chez les Bamileke, elle est nommée Si. Au Burundi et au Rwanda, elle porte le nom d'Imana ; pour les Peulh elle se nomme Gueno ; pour les Sérères du Sénégal, Roog Sène ; pour les Douala, Nyambe ; pour les Malinké et les Bambara, Mangala ; pour les Massaïs, Ngai. Une divinité du même type existe également dans les croyances d'autres peuples africains tels ceux du Kenya, de la Tanzanie et de l'Éthiopie. Au Mozambique, l'Être suprême est connu sous le nom de Muluku.

Nous voyons donc que chaque peuple africain peut constituer son Panthéon avec de nombreuses divinités ne possédant pas toutes le statut inaccessible des Êtres suprêmes. L'univers est conçu comme un ensemble qui va *du dieu créateur au tas d'ordures du village*[7] et chaque élément dans cet ensemble a son niveau d'adoration en fonction de son importance. Cette description de la perception Africaine du divin nous permet de voir que le monde, l'univers et la divinité font partie d'une même unité et seule l'harmonie de l'ensemble formé de l'être humain, du monde visible et invisible est à rechercher. Il s'agit pour les Africains d'une alliance entre la nature et les hommes, entre les esprits et les hommes, entre les dieux et les hommes.

A ce jour dans toutes nos traditions ancestrales africaines, on continue d'adorer cette multitude de dieux si bien que dans chaque village, on en adore plusieurs. La notion de religions traditionnelles africaines est une représentation de l'ensemble des religions non rattachées à l'Ancien Testament pratiquées en Afrique subsaharienne. Comme toutes les sociétés africaines ont des pratiques religieuses

---

[7]Marcel GRIAULE

qui évoluent depuis leur création et se mélangent au gré des mouvements de population, la répartition des religions dites *africaines traditionnelles* en Afrique seraient environ 100 millions, ce qui représenterait 70% des adeptes des *religions dites traditionnelles* dans le monde. Ils ne représenteraient cependant que 12% de la population africaine, 45% des Africains étant chrétiens et 40% environ musulmans. Cependant, il existe des syncrétismes importants entre ces pratiques religieuses qui amènent certains auteurs à envisager une particularité africaine.

Le cadre religieux du continent africain est d'une grande richesse qui correspond à la variété de la population. Pour certains auteurs, les religions africaines traditionnelles participent d'un modèle unique, avec une base commune caractérisée par le culte des ancêtres, la croyance en la réincarnation, un aspect initiatique et, dans la majorité des cas, le matriarcat, le totémisme et l'impartialité de Dieu. De nos jours, le culte des ancêtres est largement répandu car pour la majorité des sociétés africaines, l'ancêtre n'est mort que physiquement et il continue à opérer dans le surnaturel en bien et en mal. Il est l'intermédiaire entre le monde des vivants et celui des esprits. Pour certaines sociétés encore, ils conservent les crânes des anciens qu'il faille nourrir de temps en temps.

*

* *

L'existence de cette multitude de dieux rencontrés en Afrique subsaharienne permet de classer les africains en quatre grands groupes de croyance à savoir : l'animisme, le judaïsme, le christianisme et l'islam.

Nous allons ici jumeler trois courants religieux que sont le judaïsme, le christianisme et l'islam parce qu'ils constituent ce qu'on peut appeler les religions abrahamiques.

Le judaïsme est une doctrine religieuse des juifs, il est une des plus anciennes religions encore existantes. Les juifs s'inspirent de la torah qui sont les instructions de Dieu données à Israël.

Le christianisme est une religion abrahamique fondée sur l'enseignement, la personne et la vie de Jésus de Nazareth, tels qu'interprété à partir du nouveau testament.

L'islam est une religion des musulmans, prêchée par Mahomet et fondée sur le coran.

Comme je l'ai dit plus haut, j'ai choisi de parler de ces trois religions ensemble car elles tirent leur origine d'un homme, Abraham qui reçut l'appel de Dieu et ses instructions pour les transmettre aux générations futures. Ces trois religions fondent leur foi sur la Torah, la Bible et le Coran tout en précisant que la Torah n'est qu'une partie de la Bible (les cinq livres de Moise) et Le coran reconnaît que les chrétiens détenteurs de la Bible ont eu la révélation avant Mohammed. D'autres chercheurs voient dans le Coran beaucoup de similitudes avec la Torah, c'est pourquoi nous allons, pour comprendre ces trois religions, être patients et parcourir l'histoire de Abram devenu plus tard Abraham.

En 1300 avant Jésus-Christ, Abram reçoit l'appel divin. Abram était le fils de Terak un vendeur d'idoles et tous les dieux que vendait son père devait être vénérés par les fêtes et les nourritures. Mais il y'avait aussi d'autres dieux qui réclamaient des sacrifices vivants et il arrivait parfois qu'on sacrifie les enfants pour obtenir une faveur en retour. Donc, Abram qui vient d'une famille pluri théiste, est celui par qui la transition va arriver. Nous allons parcourir son histoire pour comprendre ce que représente Dieu pour lui. Pour Abram, les lois morales et naturelles devaient être les mêmes. Il était donc intrigué par cette différence dans la façon d'adorer plusieurs dieux car chaque dieu ayant ses principes et ses lois.

Un jour Abram entendit une voix étrange sortant de nulle part lui dire : *Va, quitte ton pays, ta famille et la maison de ton père pour te rendre dans un pays que je t'indiquerai.* Il comprit que cette voix n'était pas celle des idoles de son pays mais plutôt celle d'un être plus puissant que ce qu'il avait vu jusqu'ici. La voix lui dit encore : *Je ferai de toi l'ancêtre d'une grande nation ; je te bénirai, je ferai de toi un homme important et tu deviendras une source de bénédictions pour d'autres. Je bénirai ceux qui te béniront et je maudirai ceux qui t'outrageront*[8]. Or quand Abram reçut cette promesse, sa femme Sarai était stérile*: Sarai était stérile, elle ne pouvait pas avoir d'enfant.*[9] Dieu fit une alliance avec Abram en ces mots :*...l'Eternel s'adressa à Abram dans une vision :*

---

[8]Genèse 12 :2-4
[9] genèse 11 :30

- *Ne crains rien, Abram lui dit l'Eternel, je suis ton protecteur, ta récompense sera très grande.*

Abram répondit :

- *Eternel Dieu, que me donnerais-tu ? Je n'ai pas d'enfant, et c'est Eliezer de Damas qui héritera tous mes biens. Tu ne m'as pas donné de descendance, poursuit-il et c'est un serviteur attaché à mon service qui sera mon héritier.*

Alors l'Eternel lui parla en ces termes :

- *Non cet homme-là ne sera pas ton héritier : c'est celui qui naîtra de toi qui héritera de toi.*

Puis Dieu le fit sortir de sa tente et lui dit :

- *Contemple le ciel et compte les étoiles, si tu en es capable. Et il ajoute : tes descendants seront aussi nombreux qu'elles.*

Abram fit confiance à l'Eternel et à cause de cela, l'Eternel le déclara juste.[10]

Comme jusqu'ici Abram n'avait pas d'héritier, sa femme Sarai lui proposa sa servante Agar et Abram fit son premier fils avec elle. Ce fils fut appelé Ismaël d'où plus tard la religion musulmane tirera ses sources.

Quand Abram eut 99 ans, l'Eternel lui apparut et conclut une Alliance avec lui et cette alliance devait être suivie de génération en génération. Ce récit se trouve dans Genèse 17 :1-14. Il était question ici de circoncision pour tous les enfants mâles. Quand un garçon se faisait circoncire, cet acte représentait l'acceptation du Dieu unique en Eternel comme notre seul Dieu. Et dans son alliance avec Abram (qui signifie père éminent), Dieu changea son nom en Abraham (qui signifie père d'une multitude).

Dans le livre de la Genèse chapitre 17 et le verset 23, il est écrit : *ce même jour Abraham circoncit Ismaël son fils, ainsi que tous les gens nés dans sa maison et tous les esclaves qu'il avait achetés. Tous les gens de sexe masculin qui appartenaient à la maison d'Abraham furent circoncis comme Dieu le lui avait ordonné.*

---

[10]Genèse 15 :1-6

Au chapitre 21 du même livre de la Genèse à partir du verset 2 jusqu'au verset 4, il est écrit : *elle (Sara) devint enceinte et, au temps promis par Dieu, elle donna un fils à Abraham, bien que celui-ci fût très âgé. Il appela ce fils qui lui était donné de Sara : Isaac (qui signifie il a ri). Il le circoncit à l'âge de huit jours, comme Dieu le lui avait ordonné.*

Et à Genèse 22 :1-19, Dieu demanda à Abraham de lui sacrifier son fils et cela ne posa pas de problème à Abraham car dans la coutume de son père c'était normal mais ici il s'agissait de l'enfant de la promesse ; l'enfant par lequel la postérité d'Abraham devait être aussi nombreuse que les étoiles du ciel.

Abraham eut confiance en Dieu et alla sacrifier son fils et la bible dit : *quand ils furent arrivés à l'endroit que Dieu lui avait indiqué, Abraham construisit un autel et y disposa les buches. Puis ligota son fils Isaac et le mit sur l'autel par-dessus le bois. Alors Abraham prit en main le couteau pour immoler son fils.*

A ce moment-là, l'ange de l'Eternel lui cria du haut du ciel !

- *Abraham ! Abraham !*
- *Me voici répondit-il*

L'ange reprit :

- *Ne porte pas la main sur le garçon, ne lui fais pas de mal, car maintenant je sais que tu révères Dieu puisque tu ne m'as pas refusé ton fils unique.*

Alors Abraham aperçut un bélier qui s'était pris les cornes dans un buisson. Il s'en saisit et l'offrit en holocauste à la place de son fils.

Genèse 25 :7-10, il est écrit : *Abraham atteignit l'âge de 175 ans, puis il rendit son denier soupir. Il mourut au terme d'une heureuse vieillesse, âgé et comblé, et rejoignit ses ancêtres. Ses fils Isaac et Ismaël l'enterrèrent dans la caverne de Makpela....*

Ismaël et Isaac continuèrent à enseigner cette croyance monothéiste jusqu'aujourd'hui. Ismaël donc Mohamed fondateur et messager de l'Islam se réclame être de sa descendance. Il écrit Dans le coran à la sourate 112 du verset 1 au verset 4 que *: Au nom d'Allah, le Tout Miséricordieux, le Très Miséricordieux.*
Dit : ‹ Il est Allah, Unique. Allah, Le Seul à être imploré pour ce que nous désirons. Il

n'a jamais engendré, n'a pas été engendré non plus. Et nul n'est égal à Lui. Isaac est quant à lui le père du judaïsme et plus loin du Christianisme.

CHAPITRE II :
LA CONNAISSANCE DU DIEU MONOTHEISTE

Au chapitre précèdent, nous avons questionné les différentes croyances et nous avons constaté que malgré la pluralité de dieux dans toutes ces religions, tous tirent leur source dans ce Dieu unique créateur et source de toutes choses. Dans ce chapitre, nous allons nous intéresser à ce Dieu là que les uns appels Allah, les autres Jéhovah, le grand je suis, Nyambe, la Source, l'Energie, le grand Architecte...

Après la mort d'Abraham, d'Isaac et la naissance du peuple d'Israël, après plus de 400 ans de captivité en Egypte, Dieu entendit le cri de ce peuple et suscita un homme moise avec qui il renouvela son alliance avec les hommes en ces termes : *L'Eternel dit à Moïse : Taille toi-même deux tablettes de pierre semblables aux premières et j'y graverai les paroles qui se trouvaient sur celles que tu as brisées. Sois prêt pour demain matin ; monte dès l'aube sur le mont Sinaï et tiens-toi là pour m'attendre, au sommet de la montagne. Personne ne montera avec toi, on ne verra aucune autre personne sur toute la montagne. Que même ni petit ni gros bétail ne paisse aux abords de la montagne.*
Moïse tailla deux tablettes de pierre semblables aux précédentes et le lendemain matin, de bonne heure, gravit le mont Sinaï, comme l'Eternel le lui avait ordonné, tenant en main les deux tablettes de pierre.

L'Eternel descendit dans la nuée, il se tint là près de lui et proclama son nom : il passa devant lui en proclamant : L'Eternel, l'Eternel, un Dieu plein de compassion et de grâce, lent à se mettre en colère, et riche en amour et en fidélité. Il conserve son amour jusqu'à la millième génération : il pardonne le crime, la faute et le péché, mais ne tient pas le coupable pour innocent, il punit la faute des pères sur leurs descendants jusqu'à la troisième, voire même la quatrième génération.
Aussitôt, Moïse s'inclina jusqu'à terre et se prosterna. Puis il dit : Seigneur, si j'ai obtenu ta faveur, je t'en prie, Seigneur, marche au milieu de nous. Oui, c'est un peuple rebelle, mais veuille pardonner nos fautes et nos péchés et conserver notre peuple comme ta possession !
Dieu répondit : Je vais conclure une alliance avec vous. En présence de tout ton peuple, je ferai des prodiges tels qu'il ne s'en est jamais produit sur la terre entière

chez aucun autre peuple, et tout le peuple qui t'entoure verra combien est impressionnante l'œuvre de l'Eternel que j'accomplis avec toi.
Retenez bien ce que je vous commande aujourd'hui. Je vais chasser devant vous les Amoréens, les Cananéens, les Hittites, les Phéréziens, les Héviens et les Yebousiens. Gardez-vous de conclure une alliance avec les habitants du pays dans lequel vous allez entrer, ils deviendraient un piège au milieu de vous.

Au contraire, vous renverserez leurs autels, vous briserez leurs stèles. Et vous abattrez leurs pieux sacrés voués à la déesse Ashéra. Vous ne vous prosternerez devant aucune autre divinité ; car son nom à lui, c'est « l'Eternel qui ne tolère aucun rival » et il est effectivement un Dieu qui ne tolère aucun rival.
N'allez donc pas conclure une alliance avec les habitants du pays ; car ces gens se prostituent à leurs dieux, ils leur offrent des sacrifices, et, à leur invitation, vous mangeriez de ce qu'ils leur ont offert. Vous prendriez parmi leurs filles des épouses pour vos fils, et leurs filles, qui se prostituent à leurs dieux, entraîneraient vos fils à faire de même.
Vous ne vous ferez pas de dieux en métal fondu. Vous observerez la fête des Pains sans levain. Pendant les sept jours fixés du mois des épis, vous mangerez des pains sans levain, comme je vous l'ai prescrit, car c'est au cours de ce mois que vous êtes sortis d'Egypte.
Tout premier-né m'appartient. Il en est ainsi de tout premier-né mâle de ton bétail, veau ou agneau.

Quant au premier-né de l'âne, vous le rachèterez par un agneau ; si vous ne le rachetez pas, vous lui briserez la nuque. Vous rachèterez toujours tout premier-né de vos fils.
Vous ne viendrez pas vous présenter devant moi les mains.
Vous travaillerez six jours, mais le septième jour, vous vous reposerez ; même au temps du labour et de la moisson, vous vous reposerez.
Observe aussi la fête des Semaines. Appelée ainsi parce que l'on comptait sept semaines à partir de la Pâque. À l'occasion des premiers grains de blé moissonnés, ainsi que la fête de la récolte à la fin de l'année.

Trois fois par an, tous les hommes du peuple viendront se présenter devant moi, le Souverain, l'Eternel, le Dieu d'Israël. Car je déposséderai d'autres peuples devant vous, j'agrandirai votre territoire, et personne ne cherchera à conquérir votre

pays pendant que vous monterez pour vous présenter devant l'Eternel votre Dieu trois fois par an.
Vous ne ferez pas couler le sang de mon sacrifice sur du pain levé, et vous ne garderez pas jusqu'au lendemain matin la viande du sacrifice de la fête de Pâque.

Vous apporterez le meilleur des premiers produits de votre terre au sanctuaire de l'Eternel votre Dieu.
Vous ne ferez pas cuire un chevreau dans le lait de sa mère.
L'Eternel dit à Moïse : Inscris-toi ces paroles-là ; car c'est dans ces termes que je conclus alliance avec toi et avec le peuple d'Israël.
Moïse demeura là avec l'Eternel quarante jours et quarante nuits, sans rien manger ni boire, et l'Eternel écrivit sur les tablettes les paroles de l'alliance, les dix commandements.
Puis Moïse redescendit du mont Sinaï, tenant en main les deux tablettes de l'acte de l'alliance. Il ne savait pas que la peau de son visage était devenue rayonnante pendant qu'il s'entretenait avec l'Eternel. Aaron et tous les Israélites regardèrent Moïse, et s'aperçurent que la peau de son visage rayonnait. Ils eurent peur de s'approcher de lui. Alors Moïse les appela. Aaron et tous les chefs de la communauté revinrent vers lui, et il s'entretint avec eux. Après cela, tous les Israélites s'approchèrent de lui et il leur transmit tous les commandements que l'Eternel lui avait donnés sur le mont Sinaï.
Quand il eut terminé de parler avec eux, il se couvrit le visage d'un voile. Lorsqu'il se rendait devant l'Eternel pour s'entretenir avec lui, il ôtait le voile jusqu'à ce qu'il ressorte de la tente. A sa sortie, il communiquait aux Israélites les ordres qu'il avait reçus. Les Israélites voyaient que la peau du visage de Moïse rayonnait, puis Moïse remettait le voile sur son visage jusqu'à ce qu'il retourne s'entretenir avec l'Eternel.

Dans ce récit, nous pouvons retenir que Dieu est :

- **Le créateur** du Ciel et de la terre car il est écrit : *au commencement Dieu créa le ciel et la terre* [11]
- **Le Grand je suis** : *Je suis celui qui suis*[12] comme il est dit dans les écritures

[11]Jean 1 :1
[12]'Exode 3 :14

- **L'Alpha et l'Omega** c'est-à-dire le commencement et la fin, le premier et le dernier
- **Eternel** quand il dit à Moise : *je suis l'Eternel*
- ***Amour*** *car Dieu a tant aimé le monde qu'il a donné son fils unique afin que quiconque croit en lui ne périsse point mais qu'il ait la vie éternelle*[13]
- **Le seul vrai Dieu**[14] et en dehors de lui il n'y'à point d'autres dieux. Ceci pour démontrer sa différence et sa particularité de la multitude qui lui est assujettis. *La sourate 112 : 1-4 dit : Il est Dieu unique : Dieu l'imploré. Il n'a ni enfanté ni été enfanté. Nul ne saurait l'égaler.* Cette sourate très courte récapitule la nature de Dieu et sa transcendance. Le fait qu'il n'y a qu'un seul Dieu décrit parfaitement l'universalité de la nature de Dieu qui donne la vie et l'entretient chez toute créature vivante, au ciel comme sur la Terre.
- **Infini**[15] Il est impossible de le contenir ou le cantonner dans un lieu particulier. Son pouvoir et sa gloire sont infinis
- **Omniscient**, la toute sagesse de Dieu se voit dans l'harmonie de l'ensemble de la création, sa capacité de connaitre la fin dès le commencement. C'est pour appuyer cette idée que le coran dit : *Pas une feuille ne tombe qu'il ne le sache*[16] .
- **Omnipotent** la toute-puissance de Dieu est un de ses attributs les plus importants car cela nous donne l'assurance qu'avec lui rien ne peut nous être impossible. Le Coran met l'accent sur la faiblesse des autres dieux en comparaison avec lui quand il dit : *les autres dieux, même s'ils unissaient leurs forces, ne pourraient même pas créer une mouche, alors que le Tout-puissant est le créateur des cieux, de la terre et de tous les individus*[17]. Et le livre de la genèse de conclure en disant *: Dieu est puissant, fort et prééminent*[18].

Ce résumé nous permet de dire que Dieu est esprit et est au-dessus de tout ce qu'on peut imaginer. Il est la source de tout, il est celui qu'on doit adorer car c'est le grand pourvoyeur, le sauveur, le consolateur, l'unique, l'omniprésent, l'omnipotent,

---

[13]Jean 3 :16
[14]Jean 17 :3
[15]1 Roi 8 :27
[16]Sourate 6,59
[17] Sourate 22, 73-74
[18]Genèse 7 : 1

l'omniscient… Il peut avoir plusieurs noms en fonction de ses attributs et de ses différents rôles dans l'histoire de l'humanité mais il reste unique et créateur de toutes choses visibles et invisibles. Maintenant que nous le connaissons, où habite-il pour que nous allions lui poser nos inquiétudes et solliciter son intervention au quotidien dans nos entreprises diverses ?

Henri Persoz pour répondre à cette question, a planté le décor car pour lui, *poser la question du logement de Dieu, c'est déjà penser Dieu comme un être qui, à l'image des simples créatures, aurait besoin de se poser quelque part pour y être chez lui. C'est penser qu'il habite un espace particulier où nous avons des chances de le rencontrer. C'est penser qu'il serait un être comme nous, tout en étant au-dessus de nous, plus puissant, plus sage et plus juste. Ainsi avons-nous du mal à nous défaire de cette idée que Dieu serait une personne et donc localisable. Montre-moi comment tu habites et je te dirai qui tu es, dit le proverbe.* Parce que la curiosité sur le logement de Dieu est une manière d'essayer de percer le mystère de Dieu lui-même : Comment est-il ? Comment vit-il ? Avec qui ? Quelle place prend-il ? D'où dirige-t-il le monde ? De quels moyens d'action dispose-t-il ?

L'habitation de Dieu a évolué depuis la création et en fonction de l'évolution et de sa conception. Dans l'Ancien Testament et les Evangiles, Dieu habite le ciel. Comme il est dit dans le modèle de prière laissé par Jésus : *Notre Père qui est aux cieux.* Parce que c'est du ciel que viennent la lumière et la chaleur ; mais aussi parce que le ciel est ce mystère que nous ne pouvons pas comprendre, qui nous dépasse et nous domine complètement. Pour les anciens, il est impénétrable et inexplicable. Loin de nous par son immensité, mais proche de nous parce qu'il descend jusque sur la terre, la modèle et l'englobe. C'est bien ce que nous dit la Bible, par exemple Ésaïe au chapitre 66 qui proclame que le ciel est le trône de Dieu, mais que du ciel, Dieu regarde l'humanité qui a l'esprit abattu. Pas étonnant que Dieu en ait fait sa demeure. Il se cache dans ce qui est inaccessible et inconnu. Il se cache dans ce ciel qui descend jusqu'à toucher les hommes en peine. Dans l'Israël antique, le peuple a voulu enfermer Dieu dans des lieux plus accessibles. Et les institutions religieuses ont toujours eu la tentation de le mettre dans leurs murs pour bien dire qu'il était chez elles, qu'à ce titre elles étaient divinement inspirées et qu'il fallait donc se soumettre à leur vérité. Enfermé dans les tabernacles, les synagogues et les églises, Dieu n'avait plus qu'à se laisser faire et à se plier à ce qu'on attendait de lui.

Paul, qui a fait sortir le christianisme naissant de Jérusalem, donne une autre vision de la demeure de Dieu lorsqu'il s'exclame dans sa première lettre aux Corinthiens : *Ne savez-vous pas que vous êtes le Temple de Dieu ?* Paul inverse la compréhension de Dieu : ce n'est plus l'homme qui va dans la maison de Dieu, mais Dieu qui va dans la maison de l'homme. Désormais, c'est vous qui êtes la demeure de Dieu, qui lui donnez asile, qui le protégez, qui lui permettez de vivre, de s'exprimer et d'agir. Vous êtes habités par Dieu lui-même.

Nous retrouvons la même humanité de Dieu dans cette phrase de l'évangéliste Jean : *Si quelqu'un m'aime, il observera ma parole et mon Père l'aimera. Nous viendrons à lui et nous établirons chez lui notre demeure*[19]. Ce Dieu de l'évangile de Jean est touchant. Il vient habiter chez les hommes et partager leur vie quotidienne. Il ne nous domine pas de la hauteur du ciel, il habite avec nous si nous voulons vivre en conformité avec les paroles de Jésus. Une cohabitation qui permet de voir ensemble chaque matin comment la journée va pouvoir s'organiser autour de ces paroles.

Le philosophe israélien Martin Buber a fait une déclaration intéressante citée par le rabbin Pauline Bèbe proche de celle de Jean : *Dieu habite là où on le fait entrer.* Pour le philosophe, c'est donc à chacun de préparer un logement pour Dieu. La place de Dieu sera celle qu'on lui fera. Il ne s'impose pas de l'extérieur comme une évidence, ou comme une force transcendante, ou comme le fruit d'une révélation. Il n'étend pas de lui-même son emprise sur le monde sans notre accord. Il s'installe parce que des hommes sont venus le chercher, parce qu'ils ont eu besoin de lui. Dieu est une réponse à une invitation, à un appel. Ce sont les hommes qui le font entrer dans la cité.

Pour Saint Augustin, Dieu habite dans la mémoire de l'homme. Voici un point de vue curieux mais raisonnable tiré d'un extrait de ses confessions *: Voyez comme j'ai exploré le champ de ma mémoire à votre recherche, ô mon Dieu, et je ne vous ai pas trouvé en dehors d'elle […] Où j'ai trouvé la vérité, là j'ai trouvé mon Dieu qui est*

---

[19]Jean 14 : 23

la vérité même ; et depuis que j'ai appris à connaitre la vérité, je ne l'ai pas oubliée. C'est pourquoi, depuis que je vous connais, vous demeurez dans ma mémoire. C'est là que je vous trouve lorsque je me souviens de vous et que je suis heureux en vous. Voilà les saints délices que vous m'avez donnés dans votre miséricorde, en jetant les yeux sur ma pauvreté. Mais où demeurez-vous dans ma mémoire, Seigneur ?

Où y demeurez-vous ? Quel logis vous y êtes-vous édifié ? Quel sanctuaire vous y êtes-vous bâti ? Vous avez fait à ma mémoire l'honneur de résider en elle ; mais dans quelle partie y résidez-vous ? C'est ce qui me préoccupe [...] J'ai franchi le seuil de la demeure que mon esprit lui-même a dans ma mémoire, mais vous n'étiez pas davantage là. C'est que vous n'êtes ni l'image d'un objet matériel ni une affection d'être vivant, comme la joie, la tristesse, le désir, la crainte, le souvenir, l'oubli et tout ce qui est de même sorte, et vous n'êtes pas non plus l'esprit lui-même, puisque vous êtes le Seigneur et le Dieu de l'esprit. Toutes ces choses sont changeantes, mais vous, l'être immuable, vous subsistez au-dessus de toutes ces choses, et vous avez daigné habiter dans ma mémoire, depuis que je vous connais.

Pourquoi se demander en quel lieu de ma mémoire vous habitez, comme s'il y avait des lieux en elle ? Le certain, c'est que vous habitez en elle, car je me souviens de vous, depuis que je vous connais, et c'est en elle que je vous trouve, lorsque je pense à vous.[20]

Pour résumer, les israélites avaient construit plusieurs lieux à la demande du Très-haut. Par exemple quand l'Eternel parla à Moise il dit : *Le peuple me fabriquera un sanctuaire pour que j'habite au milieu de lui*[21] ; et il dit encore : *j'habiterai au milieu des Israélites et je serai leur Dieu, et ils sauront que c'est moi, l'Eternel, leur Dieu qui les ai fait sortir d'Egypte pour habiter au milieu d'eux ; oui je suis l'Eternel leur Dieu*[22] et il est dit enfin que *le temple de Dieu est au ciel*[23]. Mais, il avait demandé de lui bâtir un temple dans lequel il allait venir de temps en temps. A des occasions bien indiquées, les jours du sabbat et des fêtes cérémonielles, les Israelites se rendaient aux temples pour adorer Dieu et offrait des sacrifices pour le pardon de leurs péchés et les prêtres qui officiaient dans le temple servaient

---

[20]saint Augustin : Dieu est dans la mémoire *(Les Confessions, Livre dixième, ch. 24 et 25)*
[21]Exode 25 :8
[22]Exode 29 :45
[23]Apocalypse 11 :19

d'intermédiaires entre le peuple et Dieu. Quand Jean le baptiste voit venir Jésus, il dit : *voici l'agneau de Dieu qui ôte les péchés du monde* ; et à sa mort sur la croix du calvaire, le voile du temple qui séparait le lieu saint du lieu très saint où la présence de Dieu était permanente, s'est déchiré en deux parties du haut vers le bas ce qui signifiait la fin des sacrifices et du service des prêtres : Dieu n'est plus caché mais est à la portée de tout individu qui désire le rencontrer. Tout individu a donc reçu le quitus d'invoquer le nom de Dieu et recevoir ses faveurs. Jésus Christ étant devenu le chemin, la vérité et la vie ; le seul médiateur entre le père et nous, il nous a offert par sa mort sur la croix du calvaire l'accès direct à Dieu. Ce faisant, on n'est plus obligé d'aller seulement au temple pour adorer Dieu car Dieu habite désormais en nous. Et Jésus le dit si bien que *notre corps est le temple du saint esprit,* alors si nous voulons chercher Dieu, il est en nous dans le temple de notre corps, il est au ciel, sur la terre, il est esprit, donc omniprésent.

Chapitre III
LA CONNAISSANCE DES CANAUX DE COMMUNICATION AVEC DIEU

Pour planter le décor, je partage avec vous un extrait d'un article de Tariq Ramadan paru le 2 Novembre 2015 intitulé *Dialoguer avec Dieu : Tu as peur ? Le malaise est profond ? Il faut regarder la réalité en face et s'avouer ses sentiments les plus délicats. Il n'est jamais facile de supporter le regard et les jugements des autres. Dans la rue, tu perçois très souvent des signes d'agressivité et de rejet et tu fais face aux célèbres délits de faciès, de tenues vestimentaires ou d'origine. Tu n'es pas comme les autres et les autres s'arrangent bien pour te le faire sentir… et tu le sens effectivement, profondément. Tu peux faire comme si tu ne voyais pas, tu peux jouer la force et l'indifférence, tu peux être «au-dessus de cela », mais le poison t'atteint à l'intérieur, au fond de ton cœur, et te blesse. Par quel curieux bouleversement tes qualités se transforment désormais en défauts : ta sensibilité qui te permet de comprendre les êtres humains et de les écouter se retourne contre toi quand ils ne te comprennent pas. Hier, ton cœur était ta force, face à leurs regards, il est devenu ta faiblesse… difficile.*

Tu veux pourtant vivre normalement, dans la discrétion, la douceur et la fraternité. Ta foi t'enseigne à respecter et à servir l'humanité, à entretenir la création, à sourire aux êtres… on te transforme, jour après jour, en citadelle assiégée, crispée, retranchée. Le malaise est là, et la crainte. C'est une véritable épreuve, il faut le reconnaître sans détour. Certains ne la supportent pas et choisissent la ressemblance qui innocente plutôt que de risquer la différence qui culpabilise. Elles ou ils cherchent à faire disparaître toutes marques distinctives : des vêtements à la pensée tout doit paraître « intégré », comme les autres… mieux vaut disparaître dans la foule que de vivre l'enfer du malaise quotidien, de leurs jugements, de leur arrogance. Ne pas être vu, pour ne pas trop pleurer. « Être comme les autres, c'est trouver la paix. » […] Une illusion.

Tu le sais. Tu as parfois observé cette volonté de disparaître dans la foule des autres chez ton propre frère, ta propre sœur… qui insistent et insistent jusqu'à l'excès pour prouver qu'ils sont d'ici, pour faire oublier qu'ils sont différents. Tu sais la profondeur de leur malaise. Au fond, ils vivent la même peur que la tienne. Quand on a un cœur, une sensibilité, quand on a besoin d'affection et de reconnaissance, le regard et le jugement des autres est une réelle agression, une sombre violence. Que faire ? Faire comme eux, penser comme eux, se soumettre aux représentations symboliques d'une société libérale très oppressive.

Où donc trouver la force d'être et de résister ? Comment répondre à l'appel de son cœur sans se blesser et se déchirer au contact d'une société de juges ? Qui donc peut t'offrir les outils permettant de relever cet intime défi ? Ma sœur, mon frère, il est une école qui seule, au demeurant, pourra insuffler en toi l'énergie d'assumer tes convictions en décuplant la force de ta résistance : c'est l'école du cœur et de la spiritualité. Ici, on commence par reconnaître ses faiblesses, à les regarder en face et à les assumer. On cherche à se connaître pour pouvoir se réformer et se dépasser. Tu le sais, au fond, le problème, ce n'est ni « les autres » ni leurs jugements… c'est toi et ton cœur, c'est l'intensité de ta foi, la nature de ta spiritualité. La force de l'intimité n'est pas le résultat d'une mise en scène, jamais : on sait combien sont intégrés en société et déchirés, désintégrés, dans leur intimité. Une illusion, encore.

L'école de la spiritualité est exigeante et son premier principe stipule que la vraie force est à l'intérieur. Elle n'apprend pas à fuir ses malaises et ses manques, mais au contraire à les assumer et à les orienter. Reconnaître ses peurs et ses doutes, identifier les blessures affectives est une étape déterminante de l'initiation spirituelle. Dialoguer avec Dieu, lui dire tes déchirements, lui confier tes faiblesses, lui offrir tes fragilités est l'incontournable étape de ta libération. Chercher en ton cœur, tourné(e) vers le Très-Haut, le sens de la force, la force de la patience, du courage, de la conviction. Trouver la paix à l'intérieur pour se libérer des craintes de surface et des apparences, tel est le chemin de l'exigence spirituelle. Il y a la prière, l'invocation, la méditation… il y a le silence. Face à la dictature des apparences, la libération est intérieure : si le monde entier venait à te juger, qu'importe… dès lors que Dieu te protège. Son amour est ton bouclier qui, s'il naît et touche les sources profondes de ton être, rayonnera de douceur quand on voudrait te noyer sous l'agressivité. Ta force, ta libération : offrir l'amour et le respect lorsque l'on veut t'imposer la haine et le rejet.

Puisque Dieu est esprit, ce n'est que spirituellement que nous pouvons communiquer avec lui. Les formes les plus courantes sont : la prière, la méditation, la louange et l'adoration.

La prière selon le dictionnaire Larousse est une supplication adressée à Dieu, à une divinité. C'est aussi conjurer ou honorer Dieu - une divinité - par les paroles ; supplier. La prière est demandée avec insistance ou avec humilité.

L'importance de la prière, en islam, ne peut être minimisée. C'est le premier pilier de l'islam que le prophète Mohammed a mentionné après la profession de foi, par laquelle une personne devient musulmane. La prière a été rendue obligatoire pour tous les prophètes et tous les peuples. Par exemple, quand Dieu a parlé à Moïse de vive voix, Il lui a dit entre autres : *Je t'ai choisi, alors écoute ce qui va t'être révélé. En vérité, je suis Dieu et il n'y a pas d'autre divinité à part Moi. Adore-Moi donc et accomplis la prière pour M'avoir présent en ta pensée.*[24] Une fois, un homme interrogea le Prophète sur l'action la plus vertueuse. Ce dernier répondit que l'action la plus vertueuse était la prière. L'homme demanda s'il y en avait d'autres et le Prophète lui répondit trois fois que c'était la prière. Plusieurs déclarations du Prophète soulignent l'importance de la prière. Par exemple, il a dit : *La première chose sur laquelle le serviteur de Dieu devra rendre des comptes, au Jour du Jugement, est la prière. Si elle a été accomplie correctement, alors le reste de ses actions sera accepté. Mais si elle est incomplète, alors le reste de ses actions sera incomplet également.*

La prière pour les chrétiens *est une causerie avec Dieu pendant laquelle nous lui posons nos problèmes et nous lui disons merci pour tout ce qu'il fait pour nous au quotidien et aussi pour ce qu'il fera pour nous dans le futur. Prier c'est parler avec Dieu comme à un ami : prier c'est ouvrir à Dieu son cœur comme on le ferait à son plus intime ami. La prière n'a pas pour but d'instruire Dieu sur ce qui nous concerne, mais elle nous met à même de le recevoir. La prière ne fait pas descendre Dieu jusqu'à nous : elle nous élève jusqu'à lui.*[25]

La prière doit devenir notre nourriture quotidienne car nous devons être en permanence connectés à Dieu pour prendre des instructions, avertissements et

[24]Coran 20:13-14
[25]Ellen White dans le livre Vers jésus à la page 93

directives venant de lui. C'est pour approcher cet idéal que Paul l'apôtre dans sa lettre aux hébreux dit : *approchons-nous donc avec assurance du trône de la grâce, ...pour être secourus dans nos besoins.* Nous sommes donc tous invités à venir à Dieu qui attend patiemment de nous accueillir en sa présence.[26]

Jésus nous a enseigné de la manière la plus simple comment prier Dieu en ces termes : *notre père toi qui es dans les cieux, que tu sois reconnu pour Dieu, que ton règne vienne, que ta volonté soit faite, et tout cela, sur la terre comme au ciel. Donne-nous aujourd'hui le pain dont nous avons besoin, pardonne-nous nos torts envers toi comme nous pardonnons nous-mêmes les torts des autres envers nous. Garde-nous de céder à la tentation, et surtout délivre nous du diable. Car à toi appartiennent le règne, la puissance et la gloire à jamais.*[27] Dans le Coran pour bien structurer la prière, il est recommandé aux fidèles musulmans de mentionner le nom de Dieu pendant la prière « Allahu Akbar » et de réciter les sourates qui sont des versets coraniques et ensuite lui poser des doléances. Donc d'une manière générale, quand nous prions, nous devons d'abord exalter le nom de Dieu et reconnaitre que sans lui nous ne pouvons rien, lui demander pardon pour nos nombreuses fautes et ensuite lui poser nos doléances.

Pour développer un esprit de prière, nous pouvons nous inspirer de la pléthore d'histoires d'hommes d'affaires des temps anciens de la bible qui ont vécu les épreuves et difficultés que nous rencontrons de nos jours. Parlons d'un grand homme d'affaire de la bible Job. Job était un homme qui croyait et aimait Dieu mais il fut persécuté à tel point qu'il lui fut demandé par sa femme de maudire Dieu et de mourir. Mais il préféra au contraire adresser à Dieu une prière; et Dieu lui fut propice, le laissa voir sa face avec joie, et lui rendit son innocence[28].

Il est pour certains difficile de développer un esprit de prière en toutes circonstances car la vie est un combat et seuls les hommes forts connectés avec la source qui est Dieu réussiront à s'en sortir. C'est la raison pour laquelle il nous est fait cette recommandation : *veillez donc et priez en tout temps, afin que vous ayez la force d'échapper à toutes ces choses qui arriveront, et de paraître debout devant le fils de l'homme*[29]. Maintenant comme jamais le diable a déployé sa puissance pour

---

[26]Hébreu 4 :16
[27]Mathieu 6:9-13version la bible du semeur 2000
[28]Job :33 :26
[29]Luc 21 :36

égarer et détruire tous ceux qui ne seront pas avertis et qui ne veilleront pas par la prière. Il faut donc dans notre programme de tous les jours réserver un moment pour communiquer avec Dieu, se mettre en la présence de Dieu en public ou en secret se connecter directement à lui, se réserver des endroits secrets où nous pouvons être calmes pour communier avec lui. Même Jésus avait des lieux où quand il voulait être seul avec son Dieu il se retirait pour prier. Exemple le mont des oliviers et le jardin de Gethsémané.

*

*   *

Dieu vit dans la louange car les anges adorent Dieu de manière inter active. David nous donne un exemple de louange dans les Psaumes quand il déclare, *comme ton nom, o Dieu ! Ta louange retentit jusqu'aux extrémités de la terre ; Ta droite est pleine de justice*[30] : il dit encore : *car l'Eternel est grand et très digne de louanges, il est redoutable par-dessus tous les dieux*[31]*,* il poursuit en disant : *Que ma bouche publie la louange de l'Eternel, et que toute chair bénisse son saint nom, pour toujours et à perpétuité !*[32]

Adorer Dieu n'est pas une supplication mais reste une obligation. Pourquoi ? Le fait d'être vivant et en santé n'est pas un mérite ; il est vrai qu'un mode de vie sain nous permet d'éviter un certain nombre de maladies. Pourtant de nombreuses personnes respectent toutes ces règles mais restent néanmoins sujets à des maladies parfois incurables. Nous échappons parfois à certains accidents de façon extraordinaire et miraculeuse ou encore une femme accouche de façon normale tandis qu'une autre le fait avec beaucoup plus de peine et de douleurs au point de se demander comment malgré un bon suivi prénatal, les complications surgissent à la dernière minute. Alors, si nous sommes en bonne santé, nous devons louer et exalter notre Dieu. Notre vie ou ce que nous possédons n'émanent ni de notre force ni de notre puissance, c'est par la grâce du Tout Puissant dans nos vies. Tous ces bienfaits doivent nous pousser à vivre une vie de louange et d'adoration. Qui peut compter les bienfaits de Dieu dans sa vie ? Qui peut augmenter des jours à sa vie ? Qui peut choisir le jour de sa naissance, sa famille ou son pays de naissance ? La

---

[30]Psaume 48 :10
[31]Psaume 96 :4
[32]Psaume145 :21

réponse est personne. La vie nous offre chaque jour des raisons suffisantes pour adorer et chanter à Dieu ses merveilles dans nos vies et celles de nos semblables. Et le roi David nous donne un exemple de chant de louange à Dieu quand il dit dans son psaume ayant pour titre *Louange au Créateur* : *Que tout mon être loue l'Eternel ! O Eternel, mon Dieu, que tu es grand ! Tu es revêtu de splendeur, et de magnificence, tu as pour manteau la lumière, et tu déploies les cieux comme une tente, tu construis au-dessus des eaux du ciel tes hauts palais inaccessibles. Des nuées, tu te fais un char, tu te déplaces sur les ailes du vent, tu fais des vents tes messagers, les éclairs sont tes serviteurs.*

Tu as établi notre terre sur de solides fondements pour qu'elle reste inébranlable à tout jamais. Tu l'as couverte d'océans comme d'un vêtement, les eaux recouvraient les montagnes. Lorsque tu les as menacées, les eaux se sont enfuies au loin et se sont élancées au bruit de ton tonnerre, franchissant des montagnes, dévalant vers des plaines jusqu'à l'endroit que tu leur avais assigné. Tu as fixé une limite que les eaux ne franchiront plus, et elles ne reviendront plus pour submerger la terre. C'est toi qui fais jaillir des sources dans les ravins. Et les torrents s'écoulent entre les montagnes. Là viennent s'abreuver les bêtes qui peuplent les champs et les bois, là viennent boire les onagres. Les oiseaux nichent sur leurs rives, chantant à l'abri du feuillage.

Du haut de ses palais, Dieu verse la pluie sur les monts, la terre est remplie des bienfaits du fruit de ton ouvrage. C'est toi qui fais pousser le foin pour le bétail, et qui fais prospérer les plantes pour les hommes afin qu'ils tirent de la terre le pain pour se nourrir.

Le vin réjouit le cœur de l'homme et fait resplendir son visage, le rendant brillant plus que l'huile. Le pain restaure sa vigueur.

Les arbres, qui sont ton ouvrage, ô Eternel, sont pleins de sève. Tels sont les cèdres du Liban que ta main a plantés. C'est là que nichent les oiseaux et la cigogne a sa demeure là, sur les branches des cyprès.

Les bouquetins ont leurs retraites aux sommets des monts élevés, et les rochers sont le refuge où les petits damans se cachent.

C'est toi qui as formé la lune pour marquer les dates des fêtes. Le soleil sait quand il se couche.

Tu fais descendre les ténèbres, et c'est la nuit. Alors les hôtes des forêts se mettent tous en mouvement : les lionceaux rugissent après leur proie, ils demandent à Dieu leur nourriture. Mais dès que paraît le soleil, ils se retirent pour se coucher dans leurs tanières. Et l'homme sort pour son ouvrage, qu'il poursuivra jusqu'à la nuit.

Combien tes œuvres sont nombreuses, ô Eternel, tu as tout fait avec sagesse, la terre est pleine de tout ce que tu as créé : voici la mer immense qui s'étend à perte de vue, peuplée d'animaux innombrables, des plus petits jusqu'aux plus grands, les bateaux la parcourent, ainsi que le monstre marin que tu as fait pour qu'il y joue.

Ils comptent sur toi, tous ces êtres, pour recevoir leur nourriture, chacun au moment opportun. Tu la leur donnes : ils la prennent, ta main s'ouvre, et ils sont comblés. Tu te détournes, ils sont épouvantés. Tu leur ôtes le souffle, les voilà qui expirent, redevenant poussière. Si tu envoies ton souffle, ils sont créés, tu renouvelles l'aspect de la terre.

Gloire à jamais à l'Eternel ! Qu'il se réjouisse de ses œuvres !

Son regard fait trembler la terre, il touche les montagnes et, déjà, elles fument. Je veux chanter pour l'Eternel ma vie durant, célébrer mon Dieu en musique tant que j'existerai. Que mon poème lui soit agréable ! Moi, j'ai ma joie en l'Eternel. Que les pécheurs soient ôtés de la terre ! Que les méchants n'existent plus ! Que tout mon être loue l'Eternel ! Oui, louez l'Eternel !

*

*   *

La méditation qui nous permet aussi de communiquer avec Dieu est plus précisément un entraînement de l'esprit, un vecteur actif de transformation pour les personnes qui la pratiquent. A ce sujet, beaucoup parlent d'ailleurs de *voyage intérieur*, de *retour sur soi, d'introspection*. La méditation est donc l'action de réfléchir, de penser profondément à un sujet, à la réalisation de quelque chose. C'est aussi une attitude qui consiste à s'absorber dans une réflexion profonde. La méditation nous permet de cultiver le silence pour être capable de nous connecter à la source qui est Dieu. Ces propos le montrent à suffisance : *Quand le stress nous asphyxie, nous sommes comme la montagne encerclée de nuages. Méditer, c'est laisser le vent dégager le ciel et révéler l'azur* [33]**.**

La méditation nous permet de comprendre les causes de nos souffrances afin de chercher à nous en libérer. Il s'agit d'entrer pleinement dans l'instant présent et de se mettre en contact étroit avec soi-même et la source. La méditation a pour objectif de se poser en témoin de ce qui se passe en nous et nous libérer progressivement des automatismes. Nous sommes constamment confrontés à des défis de manière à ce que les pensées se succèdent dans notre esprit, tout au long de la journée, en file indienne et de manière anarchique, sans nous laisser le moindre répit. Il suffit juste de rester dans le calme et se connecter à la source pour qu'une idée de génie nous vienne et solutionne notre problème. Ce n'est que dans le calme et la tranquillité qu'on peut entendre et percevoir la source qui est Dieu car si notre intelligence et le vacarme autour de nous ne cesse, la source ne peut nous parler et cela nous aidera à nous recentrer et à nous sentir plus serein.

Lorsqu'elle est pratiquée correctement et régulièrement, la méditation apporte de très nombreux bienfaits qui ont été prouvés par des milliers d'études scientifiques réalisées au cours des siècles par exemple : des études ont montré que les méditants possèdent un niveau de stress de 30 à 40% inférieur à ceux qui ne pratiquent pas et qui possèdent un style de vie comparable. Nous pouvons dénombrer six principaux bienfaits de la méditation :

- Elle développe considérablement nos capacités d'attention et de concentration
- La méditation nous rend agiles mentalement
- Elle nous rend beaucoup plus calmes, plus doux, plus bienveillants et plus sociables
- Elle rend moins colérique et dépressif
- Elle permet d'avoir un meilleur sommeil et davantage d'énergie

---

[33] ***Marc de Smedt***

- La méditation contribue également à réduire le taux de cholestérol dans le sang et la tension artérielle. Elle ralentit le rythme cardiaque. De plus, elle renforce le système immunitaire.

Il a également été prouvé que lorsque la respiration contrôlée est utilisée pendant la méditation, on peut constater *une augmentation de la taille du cerveau*. Une étude de l'université de Harvard en 2005 a démontré qu'un sujet qui pratique la méditation en concentrant son attention sur sa propre respiration démontre un épaississement du cortex cérébral.

CHAPITRE VI :
L'IMPORTANCE DE LA CONNAISSANCE DE LA PAROLE DE DIEU ET SON IMPACT SUR L'HOMME ET SA SPIRITUALITE

La parole de Dieu renferme tous les secrets que l'homme a besoin pour son épanouissement. Que ce soit la Torah, la Bible, le coran ou tous les livres inspirants écrits sous inspiration divine, ces écrits renferment des trésors immenses en termes de ressources intellectuelles, techniques et culturelles. Même comme on est obligé de constater que ces livres renferment des morceaux choisis, des paroles de Dieu et le reste n'est que l'histoire, je me refuse toujours de faire le procès de la véracité ou de l'inspiration divine de ces écrits. Mais ce qui m'intéresse, c'est qu'ils contiennent tout ce dont j'ai besoin pour vivre mon prochain et moi heureux dans ce monde en mutation.

Je voudrais pendant que nous abordons ce chapitre nous accorder sur deux faits :

- Seul le fabriquant ou le créateur connait les besoins de sa créature et lui seul peut écrire le mode d'emploi conforme.
- Que par la foi nous croyions que la Bible, le Coran, la Torah sont des ouvrages bondés de paroles d'inspiration divine utiles pour notre émancipation, éducation en tant qu'être humain

Etant donc accordés sur ces deux faits, je suis conforté à l'idée de citer les écritures pour appuyer ce qui va suivre. Dieu qui nous a créé et qui nous connait mieux que nous-mêmes nous recommande la lecture des écrits sacrés en ces termes : *Que ce livre de la loi ne s'éloigne point de ta bouche ; médite jour et nuit, pour agir fidèlement selon tout ce qui y est écrit ; car c'est alors que tu auras du succès dans tes entreprises, c'est alors que tu réussiras.*[34] Dans le contexte, Moise qui devait conduire le peuple d'Israël après sa sortie de l'esclavage en Egypte vient de mourir et le peuple est désormais sous la responsabilité de Josué qui doit les conduire à la terre promise par Dieu à leurs pères Canaan, une terre où coulent le lait et le miel. Pour y arriver, le peuple d'Israël devait passer par la mer rouge, le désert, les montagnes et ils y sont arrivés presque avec l'aide du Très-Haut avec

---

[34]Josué 1 :8

Moise comme guide. La dernière barrière était le Jourdain, qui séparait le peuple et la terre promise. Pour entrer à Canaan, il fallait traverser obligatoirement par le fleuve Jourdain mais cette fois sous la conduite de Josué.

Leur héritage était un pur don de la grâce de Dieu. Ce pays était à eux de la part de l'Eternel, mais il fallait non seulement le posséder et aussi entrer en possession de tous ses trésors témoignent ces propos : *Tout lieu que foulera la plante de votre pied, je vous l'ai donné*[35]. Il est important de noter ici que le seul effort que Dieu demande toujours à l'homme est de batailler pour que ses rêves deviennent une réalité. Posséder et entrer en possession, voilà notre part de boulot. C'est comme si vous avez soif et il y'a l'eau qui peut étancher votre soif, cette eau ce n'est pas vous qui l'avez créée, c'est l'œuvre de Dieu mais vous, vous devez tout faire pour avoir cette eau et la boire. Si l'eau vient à vous toute seule, ce sera trop facile. Et même s'il pleut, il faut faire l'action d'ouvrir la bouche et faire l'action de boire car on peut ouvrir la bouche et posséder l'eau mais refuser de la boire.

Ce récit est le tien, il est le mien car Dieu dans sa grande bonté nous a donné pour héritage le monde dans lequel nous vivons, toutes ces belles choses sont à nous mais nous devons les posséder pour pouvoir jouir de notre bonheur sur cette terre. Ce n'est pas évident car notre richesse est entourée d'obstacles à franchir, pas à éviter. Si nous ne nous levons pas pour batailler, pour réfléchir, pour élaborer des plans, nous mourrons sans jouir de cette richesse qui nous est destinée dès notre naissance. C'est pourquoi le Roi Salomon dit : *Tout ce que ta main trouve à faire avec ta force, fais-le ; car il n'y a ni œuvre, ni pensée, ni science, ni sagesse, dans le séjour des morts où tu vas*[36] . Encore faut-il avoir conscience de toutes les belles choses qui nous entourent. Beaucoup d'entre nous sont assis sur un sac d'or mais quémandent du pain. Il n'y a que la connaissance de la vérité pour nous sortir de notre ignorance, d'ailleurs la bible le confirme quand elle déclare : *Vous connaîtrez la vérité et la vérité vous affranchira*[37] . Si on veut être dans le vrai à l'égard de quoique ce soit, on doit avoir une bonne connaissance de la vérité au sujet de soi-même, du bien, du mal, du monde, du présent, de l'avenir, du passé. Il faut connaître la pensée de Dieu, telle qu'il l'a donnée dans sa parole. Et en persévérant dans la vérité, on est

---

[35]Josué 1 :3
[36]Ecclésiaste 9 :10
[37]Jean 8 :32

affranchi de toutes les fausses croyances limitantes, on est affranchi du joug de la loi et des préjugés.

La connaissance de la parole de Dieu est une des clés qui conduit au succès, c'est pour cela que Josué a reçu pour recommandation de méditer la parole de Dieu jour et nuit ; c'est alors qu'il réussira dans toutes ses entreprises. Toi qui me lis en ce moment, que ce livre de la loi ne s'éloigne point de ta bouche, car la clé et la seule clé du succès c'est la connaissance. Nous rencontrerons sûrement des obstacles ou des difficultés, mais grâce à l'histoire de toutes ces personnes qui ont vécu avant nous et qui ont expérimenté le succès véritable, nous aurons les outils nécessaires pour pouvoir faire face et saurons comment les surmonter et aller de l'avant.

Notre désolation vient du fait qu'à cause de l'interprétation de la parole de Dieu, il est né plusieurs courants religieux qui s'affrontent sur la légitimité des uns et des autres. Certains vont même jusqu'à sortir les paroles de leurs contextes pour en faire des prétextes pourvu qu'ils aient leurs parts de gâteaux dans les impôts de Dieu qu'ils prélèvent sur toutes les formes au dos des fidèles.

A la question que devons-nous faire face à cette situation où la parole de Dieu au lieu de nous servir nous dessert ? je voudrais ici pour y répondre aborder la problématique de l'homme et sa spiritualité. Pour cela, je voudrais commencer mon analyse en précisant que l'avantage premier de la connaissance c'est la libération des chaines de notre ignorance, destin, avenir, succès, bonheur. Quand je l'ai dit, je voudrais indiquer que le but pour lequel j'ai tenu à partager avec vous la connaissance de Dieu tout au long de la première partie de ce livre c'était pour nous amener à vivre une vie de spiritualité. Avant d'aller plus loin, répondons à quelques questions pour s'accorder sur un certain nombre d'éléments :

- **Quelle différence y'a t'il entre la religion et la spiritualité ?**

Pour comprendre la différence entre ces deux concepts, il est important de les connaître. La religion est un système de croyance en un seul dieu (ou des dieux), ce qui implique le culte et suivre les rituels et la conduite éthique dans la pratique du bien. La spiritualité est un ensemble de croyances, d'attitudes et de pratiques qui cherchent à transcender et atteindre le monde spirituel sans règles bien définies. La spiritualité tente d'atteindre le bien-être intérieur, l'amour proféré par Dieu (ou des divinités) à travers la connaissance de l'âme humaine[38]*.*

- **Pouvons-nous conclure que la religion est dogmatique et la spiritualité libre ?**

Dans les religions, il y a un ensemble de croyances qui sont considérées comme des vérités révélées par le Divin. En suivant les dogmes de la religion – comme la croyance en l'existence de Dieu, le baptême, la rémission des péchés, l'existence du ciel et l'enfer, etc. – les fidèles se rapprochent de Dieu et du Bien. Croire aux dogmes et suivre les rituels de la religion (aller à l'église, faire baptiser les enfants, se marier et de suivre les lois de la religion prophétisée dans les livres saints) les fidèles entretiennent une bonne relation avec la divinité en qui ils croient.

Pour la spiritualité, l'on trouve ses propres moyens d'entrer en contact avec la divinité en qui l'on croit, de façon à retrouver la paix intérieure. Tous ceux qui cherchent à développer leur spiritualité font des actions et bonnes pratiques dans le but de se rapprocher du divin. Il n'existe ni de règles à suivre, ni de méthodes bien définies, l'idéal est la recherche du bien-être physique, spirituel et la transmission des actions du Bien.

Enfin, l'objectif est le même : se rapprocher de Dieu (ou des dieux, des divinités) et faire le bien, mais la religion montre ses règles et les moyens de rendre cela possible et la spiritualité demande que l'on trouve son propre chemin, celui qui lui semble le plus approprié. Aucun des deux concepts ne prime sur l'autre, car certaines personnes se sentent plus proches du bien et de Dieu à travers la religion, et d'autres personnes, par contre, s'adaptent mieux à la liberté de la spiritualité.[39]

En conclusion, la spiritualité et la religion sont des voies qui conduisent l'homme vers la divinité qui est à l'origine de l'existence sur terre. Elle nous amène à rechercher à nous connecter vers la source pour être en harmonie avec l'ensemble de la création, l'homme n'étant qu'un élément d'un vaste ensemble interconnecté. Ceci étant, nous n'avons que deux options : la spiritualité de culte ou la spiritualité de culture.

---

[38]https://www.wemystic.fr/
[39]https://www.wemystic.fr/

La spiritualité de culte est l'attitude de ceux qui pensent que comme il y a un Dieu qui aime la louange, alors il faut aller dans les temples ou lieux de culte pour le louer, l'adorer afin de recevoir de lui la bénédiction en retour ; bénédiction qui apporterait le bien-être, la santé, la richesse, le succès. C'est ce groupe de personne qui peuple en grande partie les églises, les mosquées, les sectes, les temples. Et comme c'est à Dieu qu'appartient toutes choses ; l'or et l'argent compris, ils s'adonnent à la prière espérant une rétribution en retour. Cette approche entraine le manque de confiance en soi, la paresse et l'inertie. Elle encourage la contemplation, l'attente, l'espérance que le bonheur nous viendrait que d'en haut, ce qui est contradictoire avec la parole de Dieu qui dit : *tu mangeras à la sueur de ton front*. Oui Dieu a créé l'homme en lui donnant le pouvoir de créer lui-même son propre bonheur. Je ne m'y attarde pas trop car nous traiterons à la partie suivante des questions relatives à la création de l'homme mais ce que je veux dire c'est que l'homme doit se battre pour créer lui-même son propre bonheur, la prière étant juste la causerie avec le divin.

Si nous considérons ces lieux cultes comme des entreprises ayant à leurs têtes des gourous, il devient difficile voire même impossible d'y demeurer libre de faire ce que nous voulons, quand et comme nous le voulons et nous y épanouir.

La spiritualité de culture par contre vise à former l'homme dans le chemin de la divinité. Elle vise à réveiller le divin qui sommeille en lui afin d'impulser la création des valeurs. Elle vise encore à enraciner la culture et non le culte du divin en nous. Elle vise enfin l'émergence des hommes spirituels connectés à Dieu en lieu et place de ces fidèles suiveurs de gourous soi disant faiseurs de miracles ou détenteurs de tels ou tels pouvoirs. En réalité, si chaque être humain réalise que Dieu habite en lui, que son corps est son temple et qu'il peut quand il le veut se connecter à lui, il n'aura plus besoin de quiconque pour faire des exploits.

Le manque de culture spirituelle est perceptible dans notre monde aujourd'hui par le déclin de l'espérance de vie, la pauvreté, la maladie, la famine ... c'est ce manque de culture qui nous fait tanguer au gré des situations et c'est là où surfent les leaders religieux. Je ne suis pas ici en train d'interdire d'aller dans ces lieux, mais je dis qu'ils doivent redevenir des lieux de communion fraternelle et de communion avec le divin ; les prêtres, imans et pasteurs étant redevenus des guides, des mentors : ceux qui connaissent le chemin et le montrent aux autres. Oui, leur rôle c'est de montrer le chemin car ce n'est pas en collectant les impôts de Dieu qu'ils sont devenus le chemin, la vérité et la vie.

J'invite donc les hommes d'aujourd'hui et de demain à cultiver une vie de spiritualité pour que notre relation avec le divin qui vit en nous devienne une activité de tous les instants. C'est alors que nous serons comme lui. Etre comme Dieu nous donne la possibilité de déplacer les montagnes de notre vie, de calmer les tempêtes de nos situations, de créer la vie de nos rêves. Mais si au lieu de suivre ce conseil et persistons dans la spiritualité de culte, nous demeurerions de simples membres d'église qui attendent la bénédiction à la fin du culte ou de la messe pour dire je reçois espérant qu'ayant reçu celle-ci pourra nous accompagner tout le long de notre vie. Ce qui est une aberration car la vie spirituelle ne se soustraite pas et dans notre relation avec le divin, il n'y a que nous et lui, les autres n'étant que des guides, des conseillers, des mentors comme nous l'avons déjà dit plus haut.

RESUME

Tout au long de cette partie, nous avons appris à connaitre le divin et nous nous sommes accordés sur le fait que Dieu est unique, omniscient, omnipotent et omniprésent. Nous avons vu que malgré le fait qu'il soit partout, il a choisi notre corps comme son temple et nous invite à communier avec lui par la prière, la louange et la méditation. Les lieux de cultes qui nous ont été donné à travers les âges ne sont et ne doivent être que des lieux de communions fraternelle et de partage pour qu'en y allant, que nous puissions trouver la paix du cœur, l'amour, la joie, la gaîté, la compassion... comme si le maitre lui-même était présent. Ces lieux doivent redevenir des lieux où les forts soutiennent les faibles par les enseignements, le partage d'expérience qui peut aider à booster l'élévation spirituelle des uns et des autres. Ce que je condamne, ce sont ces espèces de gourous qui se font appeler pasteurs, pères, apôtres, prophètes... et qui pensent avoir l'exclusivité de l'écoute et de la parole de Dieu et estime pour cela avoir le droit de se comporter comme intermédiaire entre Dieu et le reste des fidèles venus chercher la voix de Dieu. Ces gourous qui s'érigent en super tout en profitant pour assujettir, asservir et avilir leur sujet pour se faire glorifier et élever ne sont que des imposteurs. Le Christ, le maitre par excellence de dire : celui qui veut être le plus grand devienne d'abord le serviteur.

Je souhaite encore lever une équivoque sur les leaders religieux. J'entends par leader religieux ceux qui à la tête des institutions ou entreprises se sont donnés pour mission d'amener les hommes à Dieu. Certains ont reçu l'appel du divin et la formation nécessaire pour cette mission. Ayant eu l'opportunité de collecter les impôts de Dieu, ils ont tendance à confondre le rôle qu'ils se sont donnés celui de montrer le chemin qui mène à Dieu. A force d'être dans ce rôle, ils se sont pris pour Dieu. C'est cette autoglorification qui se voit dans les chaines de télévisions religieuses et publicitaires, sur les affiches, banderoles, plaques portant les noms, photos et titre de ces leaders.

Je souhaite pour conclure rétablir ce qui devrait être par ces illustrations :

- Un maitre c'est le mendiant devant ta porte
- Un maitre c'est le serviteur au lieu du servi

- Un vrai homme spirituel incarne certaines valeurs qui sont l'amour, la joie, la patience, l'amabilité, la bonté, la fidélité, la douceur, la maitrise de soi.

Dans notre monde en pleine mutation, la clé pour réussir est de cultiver une vie de spiritualité pour apprendre avant d'enseigner, pour servir avant d'être servi, pour élever avant d'être élevé, pour aimer avant d'être aimé : voilà le monde meilleur que je vous propose, voilà la vie que vous devez vivre. La question est : est-ce que l'homme d'aujourd'hui est-il prêt à suivre ce chemin ? Est-ce qu'il est même conscient de ce qu'il est ou vaut ? Je vous propose à la deuxième partie de cet ouvrage que nous nous appesantissions sur l'homme, ses origines, ses missions, ses rôles pour qu'ensemble nous proposions les qualités que doit avoir l'homme dont le monde a besoin pour solutionner les défis de l'heure en cette période de graves crises multiformes.

PARTIE 2

LA CONNAISSANCE DE SOI

Nicolas Malebranche dans son livre intitulé *La recherche de la vérité* parue en 1675 dit : *La plus belle et la plus nécessaire de toutes les connaissances est la connaissance de soi-même.* Ceci implique que chercher à se connaître est la plus belle et la plus nécessaire des recherches qu'un être humain puisse entreprendre. Mieux se connaître pour mieux réussir est très important car si je veux savoir où je vais, je dois d'abord connaître qui je suis et où j'en suis. Se connaître soi-même fait référence à sa personnalité intérieure pas à son corps ni à son physique. C'est se connaître en tant que personne. C'est savoir ce qu'on vaut comme individu.

Le philosophe Aristote disait : *Tout être humain désire naturellement se connaître* ; ce qui est difficile car d'après Aristote, *nous sommes aveuglés pour beaucoup d'entre nous par l'indulgence et la passion qui nous empêchent de juger correctement.* C'est la raison pour laquelle il est important de prendre en compte l'avis de notre entourage, de nos proches. Que dit-on de nous dans notre famille, dans notre quartier, parmi nos proches, nos collègues ou bien même que disent nos ennemis ou nos adversaires de nous. Le père de la philosophie Socrate disait en son temps : *connais-toi toi-même mortel* car nous sommes des humains avec des défauts et des limites et il est facile pour nous de voir les défauts et les faiblesses des autres mais pas les nôtres. Et mon père me disait toujours que si je veux me connaitre que je le demande à mes enfants en les promettant de ne pas me mettre en colère après les avoir écoutés. *L'humanité doit aujourd'hui concentrer son attention sur elle-même et sur les causes de son incapacité morale et intellectuelle. A quoi bon augmenter le confort, le luxe, la beauté, la grandeur et la complication de notre civilisation, si notre faiblesse ne nous permet pas de les diriger ? Il est vraiment inutile de continuer l'élaboration d'un mode d'existence qui amène la démoralisation et la disparition des éléments les plus nobles des grandes races*[40]

---

[40] *L'homme cet inconnu* de Alexis Carrel

CHAPITRE V :
LA CONNAISSANCE DE SOI ET DE NOS ORIGINES

En recherchant plus haut à connaitre Dieu c'était dans le but premier d'identifier la force, la majesté et la toute-puissance du grand architecte de l'univers qui nous a créées unique et c'est cette particularité qui fait notre identité et notre différence en tant qu'être humain. Il est donc important que chacun d'entre nous cherche à se connaître, connaître sa mission véritable sur terre et aller à la poursuite de cette mission ou de notre rêve, que de passer la majeure partie de notre temps à aider plutôt les autres à réaliser les leurs. Ce n'est pas un hasard si nous sommes nés dans une famille, une ville, un pays ou un continent particulier et à cette époque précise, c 'est pour laisser une empreinte de notre passage sur la terre.

Avant d'entreprendre un quelconque projet, il est bien de faire le point sur sa situation présente. Il est important de connaître :

- Ce que nous sommes c'est-à-dire nos forces et nos faiblesses.
- Ce que nous voulons être ou devenir c'est à dire notre rêve et nos objectifs.
- Quelles sont nos ressources que ce soit matérielles, intellectuelles ou humaines
- Ce qui nous manque pour atteindre nos objectifs

Bref, passer votre vie au scanner et chercher la connaissance en la demandant car *celui qui demande reçoit, celui qui cherche trouve, et c'est à celui qui frappe qu'on ouvre*[41].

Si nous voulons réussir, il faut arrêter de penser que le paradis se trouve seulement chez autrui : on peut réussir partout même là où nous sommes. Nous vivons dans des paradis avec des richesses que nous ne pouvons pas imaginer. Il faut juste regarder autour de soi pour voir toutes les opportunités que la vie nous offre, qu'il suffit juste de tendre la main pour les saisir. Partout dans le monde, pendant que les uns entreprennent pour avoir une vie décente et réussir, les autres préfèrent développer un esprit de critique et exhiber leur mécontentement à la face du monde. Leur esprit négatif est aussi visible que le nez au milieu de la figure. Mais

---

[41]Mathieu7 :7

cela n'empêche que tous les jours de nouveaux millionnaires et milliardaires émergent dans les domaines de : l'agriculture, l'élevage, la pêche, les minerais, l'air,

La terre est la première richesse que Dieu nous a donnée et dans la fable du laboureur et ses enfants, il nous est demandé de la creuser, de la fouiller, de la bêcher et de ne laisser aucune place où la main ne passe et repasse. Tous les grands hommes de la bible et la plupart des milliardaires de notre époque ont fait fortune dans l'agriculture et l'élevage, pourquoi pas nous ? Il suffit de chercher à avoir la connaissance et l'information dans ce domaine. D'autres ont fait fortune dans le commerce, dans l'immobilier, l'énergie et chacun de ces domaines a ses règles et ses pièges.

La connaissance de l'homme est importante car nous sommes arrivés à un moment de notre histoire où un virage à 180° est obligatoire. Nous avons vu les dirigeants de ce monde, les puissants verser les larmes car aucun de leur missile ne peut éradiquer la pandémie Cavid19, aucune menace possible contre la nation des virus ne sera couronnée de succès. Et un internaute de dire le problème de notre monde, ce n'est pas corona mais ces cons qu'on a. Le moment est venu pour que tout genou fléchisse devant celui qui a le monde dans ses mains. La connaissance -- de l'homme nous aide à anticiper sur ses besoins et à trouver des solutions aux problèmes de l'humanité. Elle nous aide à connaître comment éduquer, gérer et encadrer nos semblables. John Fitzgerald Kennedy le 35e président des Etats-Unis de dire : *Les problèmes du monde ne peuvent être résolus par des sceptiques ou des cyniques dont les horizons se limitent aux réalités évidentes. Nous avons besoin d'hommes capables d'imaginer ce qui n'a jamais existé.* Oui nous avons besoin d'hommes et de femmes capables d'imaginer ce qui n'a jamais existé afin d'être capables de gérer les problèmes de l'humanité. Pour Ellen white, l'homme est un tout qui doit être à la fois social, intellectuel, affectif, corporel, pratique et spirituel. Elle propose que l'homme doit être éduqué pour qu'il puisse s'épanouir dans toute sa plénitude. *Nos idées en matière d'éducation sont trop étroites, trop limitées. Il nous faut les élargir et viser plus haut. La véritable éducation implique bien plus que la poursuite de certaines études [...] Elle intéresse l'être tout entier.*[42] Elle estime que tout être humain parce que créé à l'image de Dieu, a reçu de cet héritage la force de penser et d'agir. Elle dit enfin *: Les êtres qui développent cette force sont prêts à*

[42]Ellen White, Éducation. Dammarie-lès-Lys, Vie et Santé, 1986, pp. 15

assumer des responsabilités, à être des chefs de file, capables d'influencer les autres. Développer cette qualité est le rôle de la véritable éducation, qui consiste notamment à apprendre aux jeunes to bethinkers, à penser par eux-mêmes, à ne pas se contenter d'être le miroir de la pensée des autres.[43]

Dans son livre intitulé *l'homme cet inconnu* publié en 1935, Alexis Carrel qui n'était pas un philosophe mais un homme de science dit : *l'homme est un tout indivisible d'une extrême complexité. Il est impossible d'avoir de lui une conception simple [...] La plupart des questions que se posent ceux qui étudient les êtres humains restent sans réponse. [...] pendant d'immenses périodes, nos pères n'eurent ni le loisir, ni le besoin de s'étudier eux-mêmes. Ils employèrent leur intelligence à fabriquer des armes et des outils, à découvrir le feu, à dresser les bœufs et les chevaux, à inventer la roue, la culture des céréales, [...] Il y'a une raison à la lenteur du progrès de la connaissance de nous-même. C'est la structure même de notre intelligence qui aime la contemplation des choses simples. Nous avons une sorte de répugnance à aborder l'étude si complexe des êtres vivants et de l'homme. L'intelligence, a écrit Bergson, est caractérisé par une incompréhension naturelle de la vie*[44].

Lorsqu'on veut parler des origines de l'homme, plusieurs théories s'opposent. Il importe de les analyser afin de choisir lequel de ces récits est le plus vraisemblable. Pour le docteur en science Quentin Mauguit, *la théorie de l'évolution permet d'expliquer la diversité des formes de vie rencontrées dans la nature, en partant du principe que chaque espèce vivante se transforme progressivement au cours des générations, tant sur un plan morphologique que génétique. Or, l'évolution, un terme pour la première fois employé par Charles Darwin en 1859, peut amener à l'apparition de nouvelles espèces. Malgré son nom, il ne s'agit pas d'une théorie, et donc d'une hypothèse, mais bien d'un concept aujourd'hui scientifiquement établi.*

Selon la théorie du naturaliste Charles Darwin (1809-1882), tous les êtres vivants qu'on retrouve sur Terre sont le produit d'une longue série de transformations biologiques qu'on appelle évolution. De cette manière, Darwin explique la diversité des espèces vivantes et leur métamorphose en d'autres espèces nouvelles uniquement à partir de causes matérielles. Cette théorie s'oppose radicalement à

---

[43]Ellen White, Éducation. Dammarie-lès-Lys, Vie et Santé, 1986, (pp. 19-20)
[44] Bergson Henri, *Evolution créatrice* P. 179

l'idée selon laquelle c'est Dieu qui aurait directement créé la Terre et tous les êtres qui la peuplent. La place de l'être humain dans l'univers prend donc une toute nouvelle signification à partir de Darwin, car, désormais, il n'est plus le centre de la création. L'espèce humaine n'est rien de plus qu'une espèce animale elle-même issue d'autres espèces animales. Bref, on prétend maintenant que l'homme descend de singes ayant vécus il y a quelques millions d'années. Si, aujourd'hui, l'opposition entre la doctrine de l'évolution et celle de la création par Dieu suscite moins d'embarras, Darwin, lui, a manifesté une inquiétude sérieuse à propos de l'opposition qu'on trouve entre sa théorie et la bible.

Par ailleurs, lui-même parlait toujours de sélection naturelle. Il semble que ce soit le philosophe anglais Herbert Spencer (1820 - 1903) qui ait popularisé l'usage de l'expression théorie de l'évolution pour désigner la doctrine de Darwin. Au cœur de celle-ci, il y a deux principes importants : la lutte pour l'existence et la sélection naturelle.

Avant Darwin

Les penseurs de l'antiquité gréco-romaine n'ont pas élaboré l'idée d'une nature en évolution, mais certains d'entre eux avaient tout de même émis à titre hypothétique des idées qui s'approchent de quelques aspects de la théorie de Darwin. Par exemple, plusieurs Présocratiques, tels Héraclite et Empédocle, prétendaient que l'univers se transforme sans arrêt. Plus tard, Épicure et Lucrèce vont enseigner une doctrine selon laquelle le hasard intervient d'une certaine façon dans le développement de la nature.

Au quinzième siècle, Léonard de Vinci imagine que des transformations successives de la terre et des êtres vivants expliqueraient la présence de fossiles marins en montagne.

Les chercheurs qui ont élaboré des hypothèses et des théories qui ont dû influencer la réflexion darwinienne sont assez nombreux. Carl Von Linné (1707 – 1778), Buffon (1707 – 1788) et Georges Cuvier (1769 – 1832) ont tous plus ou moins adhéré à l'idée que des transformations limitées affectaient peut-être les êtres vivants.

En 1744, Buffon annonce que l'âge de la Terre serait d'environ 74 000 ans, un calcul qui nous éloigne beaucoup du calcul biblique selon lequel Dieu aurait créé le monde il y a un peu plus de 5 000 ans. Disciple de Buffon, Lamarck (1744 – 1829) formula une théorie du transformisme qui explique l'évolution des êtres vivants depuis l'origine en tenant compte d'une progression qui irait du plus simple au plus complexe. Notons enfin que Darwin cite parfois les travaux du naturaliste Isidore Geoffroy Saint-Hilaire.

Les variations

Tout d'abord, Charles Darwin va s'étonner de la grande diversité des espèces vivantes. Il remarque que les individus d'une même espèce ne sont pas totalement identiques et observe chez certaines espèces un très grand nombre de variations légères qui peuvent se transmettre d'une génération à l'autre. Par sa théorie, il va démontrer que l'apparition de nouvelles espèces vivantes se fonde sur ce phénomène des variations biologiques.

-+Darwin prétend que l'être humain ne peut empêcher ni produire ces variations. Nous pouvons seulement jouer avec les variations déjà possibles. À ce sujet, signalons que la science actuelle a découvert des procédés qui permettent d'empêcher ou de produire une infinité de variations. Néanmoins, la variabilité des individus ne peut expliquer à elle seule la formation des espèces. Toutes les variétés dans les espèces et entre les espèces procèdent de la sélection naturelle et de la lutte pour l'existence.*[45]

Pour ce qui est de la théorie de la création, des milliards de personnes ont lu ou entendu ce que la Bible dit au sujet du début de l'univers. Ce récit, vieux de 3 500 ans, s'ouvre sur cette phrase : *Au commencement Dieu créa les cieux et la terre.* Toutefois, beaucoup ignorent que des responsables de la chrétienté, par exemple des créationnistes et d'autres fondamentalistes, ont transformé le récit biblique de la création en quantité de légendes. Ces interprétations s'écartent de ce que la Bible dit réellement et sont en contradiction avec les faits scientifiques. Bien que sans fondement biblique, elles ont amené certaines personnes à considérer le récit de la Bible comme un mythe.

[45] **Par Martin Godon, Collège du Vieux Montréal.**

Le vrai récit biblique de la création est très peu connu. C'est bien dommage, car la Bible raconte la naissance de l'univers de façon très logique et crédible. De plus, ce récit est en accord avec les découvertes scientifiques. Vous pourriez être agréablement surpris par le récit caché de la création !

Le récit biblique de la création repose sur le fait qu'il existe un Être suprême, le Dieu Tout-Puissant, qui a créé toute chose. Qui est-il ? Comment est-il ? La Bible révèle comme nous l'avons vu plus haut qu'il est très différent des divinités décrites dans la culture populaire et dans les religions traditionnelles. C'est le Créateur de toute chose, et pourtant la plupart des gens en savent très peu sur lui.

La Bible déclare que Dieu a créé les *cieux et la terre*. Cette affirmation, très générale, ne donne aucune indication sur le temps qu'il a fallu pour créer l'univers ni sur la méthode employée laissant ainsi prospérer deux théories :

- Les créationnistes défenseurs de l'idée selon laquelle Dieu aurait créé l'univers en six jours de 24 heures. Cette idée, largement rejetée par les scientifiques
- Les progressistes qui pensent le contraire ; car pour eux La Bible utilise souvent le terme *jour* pour parler de périodes de temps variées. Parfois, la durée de ces périodes n'est pas précisée. C'est le cas pour eux du récit de la création rapporté dans le livre de la Genèse. Pour les progressistes,

  - La Bible ne soutient pas la croyance selon laquelle les jours de création étaient des jours de 24 heures.
  - Dans le récit biblique, chaque jour de création a pu durer des milliers d'années.
  - Quand le premier jour de création a débuté, Dieu avait déjà créé l'univers — dont la Terre, où il n'y avait encore aucune vie.
  - Les six jours de création étaient semble-t-il de longues périodes durant lesquelles Jéhovah a aménagé la terre pour qu'elle puisse accueillir les humains.
  - Le récit biblique de la création n'est pas en contradiction avec les conclusions scientifiques relatives à l'âge de l'univers.

Cette analyse repose sur une mauvaise interprétation du récit biblique. Beaucoup de ceux qui ne croient pas en la Bible acceptent la théorie selon laquelle les êtres vivants sont venus à l'existence grâce à des processus inconnus et aveugles, à partir d'éléments chimiques inanimés. Ils pensent qu'à un moment donné un organisme autoreproducteur, comme une bactérie, est apparu et s'est progressivement diversifié pour donner toutes les espèces qui existent aujourd'hui. Ainsi, l'être humain, dans toute sa complexité, viendrait en fait d'une bactérie.

La théorie de l'évolution est aussi acceptée par de nombreuses personnes qui disent croire en la Bible. Elles pensent que Dieu a produit la première étincelle de vie sur terre, puisqu'il a simplement surveillé, voire guidé, le processus de l'évolution. Mais ce n'est pas ce que la Bible enseigne.

Le récit biblique de la création est en contradiction avec les observations des scientifiques.

- D'après la Bible, Dieu a créé toutes choses (les plantes et les animaux) selon leur espèce. Il a aussi créé un homme et une femme parfaits, possédant la conscience de soi, et capables d'amour, de sagesse et de justice.
- Le récit biblique de la création n'exclut pas qu'il puisse y avoir des variations au sein des groupes d'animaux et de plantes, comme l'observent les scientifiques dû aux changements climatiques et autres.

Au milieu du XIXe siècle, le biologiste britannique Alfred Wallace est tombé d'accord avec Charles Darwin sur la théorie de l'évolution par la sélection naturelle. Pourtant, même cet évolutionniste renommé aurait dit *: Pour ceux qui ont des yeux pour voir et un esprit habitué à réfléchir, derrière la plus petite cellule, le sang, la terre entière et tout l'univers [...], il y a une direction réfléchie et consciente ; en un mot, il y a une Intelligence.* C'est cette intelligence que j'ai appelé Dieu, le grand architecte, la source, l'énergie. Près de deux mille ans avant Wallace, la Bible avait déjà observé : *En effet, les perfections invisibles de Dieu, sa puissance éternelle et sa divinité, se voient comme à l'œil, depuis la création du monde, quand on les considère dans ses ouvrages. Ils sont donc inexcusables*[46]. Prenez le temps de réfléchir aux merveilles de la nature, du simple brin d'herbe aux innombrables corps célestes. Examinez la

---

[46]Romains 1:20

création ; elle vous révélera le Créateur. Le déroulement de la création se résume à ces quelques points :

- **Le commencement**

Au commencement, Dieu créa le ciel et la terre.[47]

- **Les ténèbres**

La terre était informe et vide, les ténèbres étaient au-dessus de l'abîme et le souffle de Dieu planait au-dessus des eaux.[48]

- **Premier Jour**

Dieu dit : *Que la lumière soit. Et la lumière fut. Dieu vit que la lumière était bonne, et Dieu sépara la lumière des ténèbres. Dieu appela la lumière jour, il appela les ténèbres nuit. Il y eut un soir, il y eut un matin : premier jour.*[49]

- **Deuxième Jour**

Et Dieu dit *: Qu'il y ait un firmament au milieu des eaux, et qu'il sépare les eaux. Dieu fit le firmament, il sépara les eaux qui sont au-dessous du firmament et les eaux qui sont au-dessus. Et ce fut ainsi. Dieu appela le firmament ciel. Il y eut un soir, il y eut un matin : deuxième jour.*[50]

- **Troisième Jour**

Et Dieu dit : *Les eaux qui sont au-dessous du ciel, qu'elles se rassemblent en un seul lieu, et que paraisse la terre ferme. Et ce fut ainsi. Dieu appela la terre ferme terre, et il appela la masse des eaux mer. Et Dieu vit que cela était bon. Dieu dit : Que la terre produise l'herbe, la plante qui porte sa semence, et que, sur la terre, l'arbre à fruit donne, selon son espèce, le fruit qui porte sa semence. Et ce fut ainsi. La terre produisit l'herbe, la plante qui porte sa semence, selon son espèce, et l'arbre*

---

[47]Genèse 1:1
[48]Genèse 1:2
[49]Genèse 1:3-5.
[50]Genèse 1:6-8

qui donne, selon son espèce, le fruit qui porte sa semence. Et Dieu vit que cela était bon. Il y eut un soir, il y eut un matin : troisième jour.[51]

- **Quatrième Jour**

Et Dieu dit *: Qu'il y ait des luminaires au firmament du ciel, pour séparer le jour de la nuit ; qu'ils servent de signes pour marquer les fêtes, les jours et les années ; et qu'ils soient, au firmament du ciel, des luminaires pour éclairer la terre. Et ce fut ainsi. Dieu fit les deux grands luminaires : le plus grand pour commander au jour, le plus petit pour commander à la nuit ; il fit aussi les étoiles. Dieu les plaça au firmament du ciel pour éclairer la terre, pour commander au jour et à la nuit, pour séparer la lumière des ténèbres. Et Dieu vit que cela était bon. Il y eut un soir, il y eut un matin : quatrième jour.*[52].

- **Cinquième Jour**

Et Dieu dit : *Que les eaux foisonnent d'une profusion d'êtres vivants, et que les oiseaux volent au-dessus de la terre, sous le firmament du ciel. Dieu créa, selon leur espèce, les grands monstres marins, tous les êtres vivants qui vont et viennent et foisonnent dans les eaux, et aussi, selon leur espèce, tous les oiseaux qui volent. Et Dieu vit que cela était bon. Dieu les bénit par ces paroles : Soyez féconds et multipliez-vous, remplissez les mers, que les oiseaux se multiplient sur la terre. Il y eut un soir, il y eut un matin : cinquième jour.*[53]

- **Sixième Jour**

Et Dieu dit **:** *Que la terre produise des êtres vivants selon leur espèce, bestiaux, bestioles et bêtes sauvages selon leur espèce. Et ce fut ainsi. Dieu fit les bêtes sauvages selon leur espèce, les bestiaux selon leur espèce, et toutes les bestioles de la terre selon leur espèce. Et Dieu vit que cela était bon. Dieu dit : Faisons l'homme à notre image, selon notre ressemblance. Qu'il soit le maître des poissons de la mer, des oiseaux du ciel, des bestiaux, de toutes les bêtes sauvages, et de toutes les bestioles qui vont et viennent sur la terre. Dieu créa l'homme à son*

---

[51] Genèse 1:9-13.
[52] Genèse 1:14-19
[53] Genèse 1:20-23

image, à l'image de Dieu il le créa, il les créa homme et femme. Dieu les bénit et leur dit : Soyez féconds et multipliez-vous, remplissez la terre et soumettez-la. Soyez les maîtres des poissons de la mer, des oiseaux du ciel, et de tous les animaux qui vont et viennent sur la terre. Dieu dit encore : Je vous donne toute plante qui porte sa semence sur toute la surface de la terre, et tout arbre dont le fruit porte sa semence : telle sera votre nourriture. A tous les animaux de la terre, à tous les oiseaux du ciel, à tout ce qui va et vient sur la terre et qui a souffle de vie, je donne comme nourriture toute herbe verte. Et ce fut ainsi. Et Dieu vit tout ce qu'il avait fait ; et voici : cela était très bon. Il y eut un soir, il y eut un matin : sixième jour.[54]

On peut retenir du récit de la création confirmation que :

- C'est Dieu qui crée car à chaque fois le récit mentionne que : *Et Dieu dit*
- Un jour est composé d'un soir et d'un matin et à chaque fois le narrateur revient là-dessus en disant et Il y eut un soir, il y eut un matin pour clôturer l'acte de la création, ceci pour dire qu'ici le récit parle de jour de 24 heures
- Nous sommes donc une œuvre parfaite digne du grand architecte de l'univers.

Pour mieux nous résumer, je souhaite qu'on revienne sur la déclaration de Dieu quand il dit : *Faisons l'homme à notre image, selon notre ressemblance*. En nous accordant sur la définition des termes tels que : image, ressemblance et psychologie nous seront plus à même de répondre à la question de savoir qui sommes-nous ?

L'image est une représentation visuelle, voire mentale, de quelque chose, d'un objet, d'un être vivant ou bien d'un concept.

La ressemblance est le rapport entre des personnes présentant un certain nombre de traits physiques, ou psychologiques communs à l'instar d'une ressemblance frappante entre deux frères. C'est aussi le rapport entre des choses présentant des éléments communs.

La psychologie est une activité qui vise la connaissance des activités mentales et des comportements en fonction des conditions de l'environnement.

L'homme serait d'après ces définitions une représentation visuelle, voire mentale de Dieu présentant un certain nombre de traits physiques, mentaux et

[54]Genèse 1:24-31

comportementales communs. Puisque nous ne connaissons pas la nature physique de Dieu - car personne ne l'a jamais vu - nous allons nous attarder sur les points psychologiques que nous avons hérités à la création nous permettant de créer notre futur.

CHAPITRE VI
LA CONNAISSANCE DE HOMME DANS CES DIFFERENTES MISSIONS

Nous avons au chapitre précédant analysé toutes les théories au sujet des origines de l'homme et du monde. A la question de savoir qui sommes-nous ? Je vais répondre que nous sommes des êtres créés à l'image et selon la ressemblance de Dieu que ce soit par évolution ou par création directe, ce n'est pas ce qui m'importe. Le plus important à retenir c'est que nous sommes créés par Dieu pour un but bien précis subdivisé en trois grandes missions qui sont :

- Fonder une famille
- Gérer la famille
- Gérer la création toute entière

La Famille se définit comme l'ensemble des personnes vivant sous le même toit. Ces origines naissent du fait qu'au commencement, lorsque le Seigneur Dieu fit la terre et le ciel, il dit : *Il n'est pas bon que l'homme soit seul. Je vais lui faire une aide qui lui correspondra. Avec de la terre, le Seigneur Dieu façonna toutes les bêtes des champs et tous les oiseaux du ciel, et il les amena vers l'homme pour voir quels noms il leur donnerait. C'étaient des êtres vivants, et l'homme donna un nom à chacun. L'homme donna donc leurs noms à tous les animaux, aux oiseaux du ciel et à toutes les bêtes des champs. Mais il ne trouva aucune aide qui lui corresponde. Alors le Seigneur Dieu fit tomber sur lui un sommeil mystérieux, et l'homme s'endormit. Le Seigneur Dieu prit de la chair dans son côté, puis il referma. Avec ce qu'il avait pris à l'homme, il forma une femme et il l'amena vers l'homme. L'homme dit alors : « Cette fois-ci, voilà l'os de mes os et la chair de ma chair ! On l'appellera : "femme".»*
À cause de cela, l'homme quittera son père et sa mère, il s'attachera à sa femme, et tous deux ne feront plus qu'un[55]. Cette référence nous permet de dire que la famille à été instituée par Dieu à la création et est le résultat de l'union de l'homme et de la femme pour donner naissance aux enfants.

Regardez comment Salomon le sage recentre la vision de la famille : *Si l'Éternel ne bâtit la maison, Ceux qui la bâtissent travaillent en vain ; Si l'Éternel ne*

[55] Genese2.18-24

garde la ville, Celui qui la garde veille en vain. En vain vous levez-vous matin, vous couchez vous tard, Et mangez-vous le pain de douleur ; Il en donne autant à ses bien-aimés pendant leur sommeil. Voici, des fils sont un héritage de l'Éternel, Le fruit des entrailles est une récompense. Comme les flèches dans la main d'un guerrier, Ainsi sont les fils de la jeunesse. Heureux l'homme qui en a rempli son carquois ! Ils ne seront pas confus, quand ils parleront avec des ennemis à la porte[56].

Nous disons à la lumière de ce qui précède que, une famille normale est celle formée de l'homme, de la femme et des enfants. Mais avec l'avènement de nouveaux concepts (mariage pour tous) nous voyons naître plusieurs travers qui vont à l'encontre des pensées premières du créateur. Tous ces comportements sont à bannir du milieu de la famille.

De manière générale dans la famille les rôles sont repartis ainsi :

- L'homme pour parler du mâle, est le père et le chef de famille
- La femme joue le rôle de la mère et participe à l'éducation des enfants
- Les enfants sont une bénédiction de Dieu et doivent honorer et obéir à leurs parents. Dans la charte de l'alliance, le créateur parle aux enfants en ces termes : *Honore ton père et ta mère, afin que tes jours se prolongent dans le pays que l'Éternel, ton Dieu, te donne*[57].

Dans le monde meilleur qui nous avait été donné à la création, le respect des parents était une loi sacrée qui avait un impact positif dans la vie de ceux qui l'observait. Ceci nous amène, à penser que la baisse de l'espérance de vie et la montée de l'incivisme et la violence est peut-être le résultat du non-respect de ce précepte. Mais ce n'est pas la seule cause car plusieurs autres sont à l'origine de la destruction du socle familial.

La famille est détruite lorsque des comportements comme ceux-ci voient le jour :

- **La jalousie**

La jalousie est une émotion secondaire qui représente des pensées et sentiments d'insécurité, de peur et d'anxiété concernant la perte anticipée ou pas d'un statut, d'un objet ou d'un lien affectif ayant une importante valeur personnelle.

---

[56] Psaume 127 : 1-5
[57] Exode 20 : 12

- **La haine**

La haine est un sentiment qui porte une personne à souhaiter ou à faire du mal à une autre, ou à se réjouir de tout ce qui lui arrive de fâcheux.

- **Le manque de respect**

Irrespectueux est un terme employé pour définir quelqu'un ou quelque chose qui manque de respect, qui manque de considération, à l'égard de quelqu'un.

- **Le favoritisme**

C'est une tendance à accorder des faveurs injustes ou illégales à quelqu'un

- **La rivalité**

Une rivalité est l'état de deux personnes ou groupes engagés dans une relation compétitive durable. C'est aussi l'esprit « l'un contre l'autre » entre deux équipes concurrentes.

- **L'égoïsme**

L'égoïsme est un tempérament qui consiste, dans une définition populaire, à avoir tendance à privilégier son intérêt propre aux dépens de celui du reste du monde en général, ou d'autrui en particulier.

- **Le manque de discipline**

Le manque de discipline est une attitude de contestation de l'autorité.

- **La convoitise**

C'est un fort désir de possession

- **L'inceste**

L'inceste est une relation sexuelle frappée d'un interdit entre apparentés, respectivement variables selon les époques, les pays, la nature des liens de parenté,

- **L'ambition**

L'ambition est un désir ardent d'obtenir les biens qui peuvent flatter l'amour-propre (pouvoir, honneurs, réussite, etc.).

- **Le matérialisme**

Le terme matérialisme est couramment employé pour désigner l'attitude générale ou le comportement de celui qui s'attache avec jouissance aux biens matériels, aux valeurs monétaires, aux plaisirs matériels.

- **Les faux enseignements**

Les faux enseignements sont cet ensemble de connaissance qui va à l'encontre des règles de l'éthique, de la morale, et de la vérité.

La famille étant le résultat de l'union d'un homme et d'une femme, sur plusieurs générations cela donne un nombre immense de personnes c'est ce qui nous emmène souvent à parler de la famille humaine, pour définir la population mondiale. Comme nous avons élargies la famille à toute la race humaine, quelle devrait être la règle de conduite entre les hommes vivant dans un espace géographique commun ? Dans un article sur le net avec pour titre : *Représentation de la famille anglaise & française à travers l'audiovisuel* ... Il est dit que : *La famille a de nombreuses fonctions. Son rôle premier est celui de la reproduction. Mais en plus de cette fonction biologique, elle assure dans toutes sociétés les fonctions de socialisation, de transmission du patrimoine, la solidarité, la consommation, la production et l'affection. En fonction des sociétés, leur poids respectif varie mais la famille reste un agent de socialisation privilégié qui crée et / ou renforce le lien social.*

En socialisant, échangeant, et en s'affrontant, elle doit garantir la survie de l'espèce et les droits de chacun, c'est pour cette raison que deux grandes chartes ont vus le jour pour : une première établie par le créateur et la seconde par les hommes.

- **La charte de l'alliance**

Dans mon premier essai *Vers un monde meilleur : les lois du succès*, j'ai déclaré que : la charte de l'alliance est l'ensemble des lois que le peuple devait respecter pour démontrer son obéissance à Dieu de génération en génération. Communément appelée les Dix commandements de Dieu, la charte est l'ensemble des dix lois qu'IL prononça en ces termes avant de les écrire de son doigt sur les tables de pierre : *Je suis l'Éternel, ton Dieu, qui t'ai fait sortir du pays d'Égypte, de la maison de servitude. Tu n'auras pas d'autres dieux devant ma face. Tu ne te feras point d'image taillée, ni de représentation quelconque des choses qui sont en haut dans les cieux, qui sont en bas sur la terre, et qui sont dans les eaux plus bas que la terre. Tu ne te prosterneras point devant elles, et tu ne les serviras point ; car moi, l'Éternel, ton Dieu, je suis un Dieu jaloux, qui punis l'iniquité des pères sur les enfants jusqu'à la troisième et la quatrième génération de ceux qui me haïssent, et qui fait miséricorde jusqu'en mille générations à ceux qui m'aiment et qui gardent mes commandements. Tu ne prendras point le nom de l'Éternel, ton Dieu, en vain ; car l'Éternel ne laissera point impuni celui qui prendra son nom en vain.*

Souviens-toi du jour du repos, pour le sanctifier. Tu travailleras six jours, et tu feras tout ton ouvrage. Mais le septième jour est le jour du repos de l'Éternel, ton Dieu : tu ne feras aucun ouvrage, ni toi, ni ton fils, ni ta fille, ni ton serviteur, ni ta servante, ni ton bétail, ni l'étranger qui est dans tes portes. Car en six jours l'Éternel a fait les cieux, la terre et la mer, et tout ce qui y est contenu, et il s'est reposé le septième jour : c'est pourquoi l'Éternel a béni le jour du repos et l'a sanctifié.

Honore ton père et ta mère, afin que tes jours se prolongent dans le pays que l'Éternel, ton Dieu, te donne. Tu ne tueras point. Tu ne commettras point d'adultère. Tu ne déroberas point. Tu ne porteras point de faux témoignage contre ton prochain.

Tu ne convoiteras point la maison de ton prochain ; tu ne convoiteras point la femme de ton prochain, ni son serviteur, ni sa servante, ni son bœuf, ni son âne, ni aucune chose qui appartienne à ton prochain[58].

Ces lois devaient régir premièrement les relations entre l'homme et Dieu et en second lieu les relations entre l'homme et son prochain. Cette charte de l'alliance a été résumée en une seule phrase par Jésus quand un docteur de loi lui posa la question de savoir quel était le plus grand commandement dans la charte de l'alliance, Jésus lui répondit en disant : *Tu aimeras le Seigneur, ton Dieu, de tout ton cœur, de toute ton âme, et de toute ta pensée. C'est le premier et le plus grand commandement. Et voici le second, qui lui est semblable : Tu aimeras ton prochain comme toi-même. De ces deux commandements dépendent toute la loi et les prophètes.*

Cette charte de l'alliance est résumée en deux lois d'amour, car si nous aimons Dieu, nous l'adorerons et nous ne nous ferons pas d'idoles ou de représentations quelconques pour nous prosterner et si nous aimons notre prochain, nous ne le volerons ni ne convoiterons rien qui lui appartienne. Voilà une charte d'amour que parfois nous refusons de respecter pour conclure des pactes et des alliances qui nous demandent d'adorer des créatures à la place du créateur et de sacrifier le bonheur et la joie de notre prochain pour des biens matériels éphémères. Dieu par contre respecte ses engagements car il est fidèle ; et l'apôtre Paul le

[58] Exode 20.

confirme à Timothée son fils spirituel, quand il dit : Si nous sommes infidèles, il demeure fidèle, car il ne peut se renier lui-même. Oui la fidélité est une des principales qualités de Dieu.

- **Déclaration universelle des droits de l'homme**

Le 10 décembre 1948, les 58 États Membres qui constituaient alors l'Assemblée générale ont adopté la Déclaration universelle des droits de l'homme à Paris au Palais de Chaillot (résolution 217 A (III)).

Pour commémorer son adoption, la Journée des droits de l'homme est célébrée chaque année le 10 décembre.

Ce document fondateur - traduit dans plus de 500 langues différentes - continue d'être, pour chacun d'entre nous, une source d'inspiration pour promouvoir l'exercice universel des droits de l'homme.

Préambule

Considérant que la reconnaissance de la dignité inhérente à tous les membres de la famille humaine et de leurs droits égaux et inaliénables constitue le fondement de la liberté, de la justice et de la paix dans le monde.

Considérant que la méconnaissance et le mépris des droits de l'homme ont conduit à des actes de barbarie qui révoltent la conscience de l'humanité et que l'avènement d'un monde où les êtres humains seront libres de parler et de croire, libérés de la terreur et de la misère, a été proclamé comme la plus haute aspiration de l'homme.

Considérant qu'il est essentiel que les droits de l'homme soient protégés par un régime de droit pour que l'homme ne soit pas contraint, en suprême recours, à la révolte contre la tyrannie et l'oppression.

Considérant qu'il est essentiel d'encourager le développement de relations amicales entre nations.

Considérant que dans la Charte les peuples des Nations Unies ont proclamé à nouveau leur foi dans les droits fondamentaux de l'homme, dans la dignité et la valeur de la personne humaine, dans l'égalité des droits des hommes et des femmes, et qu'ils se sont déclarés résolus à favoriser le progrès social et à instaurer de meilleures conditions de vie dans une liberté plus grande.

Considérant que les Etats Membres se sont engagés à assurer, en coopération avec l'Organisation des Nations Unies, le respect universel et effectif des droits de l'homme et des libertés fondamentales.

Considérant qu'une conception commune de ces droits et libertés est de la plus haute importance pour remplir pleinement cet engagement.

L'Assemblée générale proclame la présente Déclaration universelle des droits de l'homme comme l'idéal commun à atteindre par tous les peuples et toutes les nations afin que tous les individus et tous les organes de la société, ayant cette Déclaration constamment à l'esprit, s'efforcent, par l'enseignement et l'éducation, de développer le respect de ces droits et libertés et d'en assurer, par des mesures progressives d'ordre national et international, la reconnaissance et l'application universelles et effectives, tant parmi les populations des Etats Membres eux-mêmes que parmi celles des territoires placés sous leur juridiction.

Article premier

Tous les êtres humains naissent libres et égaux en dignité et en droits. Ils sont doués de raison et de conscience et doivent agir les uns envers les autres dans un esprit de fraternité.

Article 2

1. Chacun peut se prévaloir de tous les droits et de toutes les libertés proclamés dans la présente Déclaration, sans distinction aucune, notamment de race, de couleur, de sexe, de langue, de religion, d'opinion politique ou de toute autre opinion, d'origine nationale ou sociale, de fortune, de naissance ou de toute autre situation.

2. De plus, il ne sera fait aucune distinction fondée sur le statut politique, juridique ou international du pays ou du territoire dont une personne est ressortissante, que ce pays ou territoire soit indépendant, sous tutelle, non autonome ou soumis à une limitation quelconque de souveraineté.

Article 3

Tout individu a droit à la vie, à la liberté et à la sûreté de sa personne.

Article 4

Nul ne sera tenu en esclavage ni en servitude ; l'esclavage et la traite des esclaves sont interdits sous toutes leurs formes.

Article 5

Nul ne sera soumis à la torture, ni à des peines ou traitements cruels, inhumains ou dégradants.

Article 6

Chacun a le droit à la reconnaissance en tous lieux de sa personnalité juridique.

Article 7

Tous sont égaux devant la loi et ont droit sans distinction à une égale protection de la loi. Tous ont droit à une protection égale contre toute discrimination qui violerait la présente Déclaration et contre toute provocation à une telle discrimination.

Article 8

Toute personne a droit à un recours effectif devant les juridictions nationales compétentes contre les actes violant les droits fondamentaux qui lui sont reconnus par la constitution ou par la loi.

Article 9

Nul ne peut être arbitrairement arrêté, détenu ou exilé.

Article 10

Toute personne a droit, en pleine égalité, à ce que sa cause soit entendue équitablement et publiquement par un tribunal indépendant et impartial, qui décidera, soit de ses droits et obligations, soit du bien-fondé de toute accusation en matière pénale dirigée contre elle.

Article 11

1. Toute personne accusée d'un acte délictueux est présumée innocente jusqu'à ce que sa culpabilité ait été légalement établie au cours d'un procès public où toutes les garanties nécessaires à sa défense lui auront été assurées.

2. Nul ne sera condamné pour des actions ou omissions qui, au moment où elles ont été commises, ne constituaient pas un acte délictueux d'après le droit national ou international. De même, il ne sera infligé aucune peine plus forte que celle qui était applicable au moment où l'acte délictueux a été commis.

Article 12

Nul ne sera l'objet d'immixtions arbitraires dans sa vie privée, sa famille, son domicile ou sa correspondance, ni d'atteintes à son honneur et à sa réputation. Toute personne a droit à la protection de la loi contre de telles immixtions ou de telles atteintes.

Article 13

1. Toute personne a le droit de circuler librement et de choisir sa résidence à l'intérieur d'un Etat.

2. Toute personne a le droit de quitter tout pays, y compris le sien, et de revenir dans son pays.

Article 14

1. Devant la persécution, toute personne a le droit de chercher asile et de bénéficier de l'asile en d'autres pays.

2. Ce droit ne peut être invoqué dans le cas de poursuites réellement fondées sur un crime de droit commun ou sur des agissements contraires aux buts et aux principes des Nations Unies.

Article 15

1. Tout individu a droit à une nationalité.

2. Nul ne peut être arbitrairement privé de sa nationalité, ni du droit de changer de nationalité.

Article 16

1. A partir de l'âge nubile, l'homme et la femme, sans aucune restriction quant à la race, la nationalité ou la religion, ont le droit de se marier et de fonder une famille. Ils ont des droits égaux au regard du mariage, durant le mariage et lors de sa dissolution.

2. Le mariage ne peut être conclu qu'avec le libre et plein consentement des futurs époux.

3. La famille est l'élément naturel et fondamental de la société et a droit à la protection de la société et de l'Etat.

Article 17

1. Toute personne, aussi bien seule qu'en collectivité, a droit à la propriété.

2. Nul ne peut être arbitrairement privé de sa propriété.

Article 18

Toute personne a droit à la liberté de pensée, de conscience et de religion ; ce droit implique la liberté de changer de religion ou de conviction ainsi que la liberté de manifester sa religion ou sa conviction seule ou en commun, tant en public qu'en privé, par l'enseignement, les pratiques, le culte et l'accomplissement des rites.

Article 19

Tout individu a droit à la liberté d'opinion et d'expression, ce qui implique le droit de ne pas être inquiété pour ses opinions et celui de chercher, de recevoir et de répandre, sans considérations de frontières, les informations et les idées par quelque moyen d'expression que ce soit.

Article 20

1. Toute personne a droit à la liberté de réunion et d'association pacifiques.

2. Nul ne peut être obligé de faire partie d'une association.

Article 21

1. Toute personne a le droit de prendre part à la direction des affaires publiques de son pays, soit directement, soit par l'intermédiaire de représentants librement choisis.

2. Toute personne a droit à accéder, dans des conditions d'égalité, aux fonctions publiques de son pays.

3. La volonté du peuple est le fondement de l'autorité des pouvoirs publics ; cette volonté doit s'exprimer par des élections honnêtes qui doivent avoir lieu périodiquement, au suffrage universel égal et au vote secret ou suivant une procédure équivalente assurant la liberté du vote.

Article 22

Toute personne, en tant que membre de la société, a droit à la sécurité sociale ; elle est fondée à obtenir la satisfaction des droits économiques, sociaux et culturels indispensables à sa dignité et au libre développement de sa personnalité, grâce à l'effort national et à la coopération internationale, compte tenu de l'organisation et des ressources de chaque pays.

Article 23

1. Toute personne a droit au travail, au libre choix de son travail, à des conditions équitables et satisfaisantes de travail et à la protection contre le chômage.

2. Tous ont droit, sans aucune discrimination, à un salaire égal pour un travail égal.

3. Quiconque travaille a droit à une rémunération équitable et satisfaisante lui assurant ainsi qu'à sa famille une existence conforme à la dignité humaine et complétée, s'il y a lieu, par tous autres moyens de protection sociale.

4. Toute personne a le droit de fonder avec d'autres des syndicats et de s'affilier à des syndicats pour la défense de ses intérêts.

Article 24

Toute personne a droit au repos et aux loisirs et notamment à une limitation raisonnable de la durée du travail et à des congés payés périodiques.

Article 25

1. Toute personne a droit à un niveau de vie suffisant pour assurer sa santé, son bien-être et ceux de sa famille, notamment pour l'alimentation, l'habillement, le logement, les soins médicaux ainsi que pour les services sociaux nécessaires ; elle a droit à la sécurité en cas de chômage, de maladie, d'invalidité, de veuvage, de vieillesse ou dans les autres cas de perte de ses moyens de subsistance par suite de circonstances indépendantes de sa volonté.

2. La maternité et l'enfance ont droit à une aide et à une assistance spéciale. Tous les enfants, qu'ils soient nés dans le mariage ou hors mariage, jouissent de la même protection sociale.

Article 26

1. Toute personne a droit à l'éducation. L'éducation doit être gratuite, au moins en ce qui concerne l'enseignement élémentaire et fondamental.

L'enseignement élémentaire est obligatoire. L'enseignement technique et professionnel doit être généralisé ; l'accès aux études supérieures doit être ouvert en pleine égalité à tous en fonction de leur mérite.

2. L'éducation doit viser au plein épanouissement de la personnalité humaine et au renforcement du respect des droits de l'homme et des libertés fondamentales. Elle doit favoriser la compréhension, la tolérance et l'amitié entre toutes les nations et tous les groupes raciaux ou religieux, ainsi que le développement des activités des Nations Unies pour le maintien de la paix.

3. Les parents ont, par priorité, le droit de choisir le genre d'éducation à donner à leurs enfants.

Article 27

1. Toute personne a le droit de prendre part librement à la vie culturelle de la communauté, de jouir des arts et de participer au progrès scientifique et aux bienfaits qui en résultent.

2. Chacun a droit à la protection des intérêts moraux et matériels découlant de toute production scientifique, littéraire ou artistique dont il est l'auteur.

Article 28

Toute personne a droit à ce que règne, sur le plan social et sur le plan international, un ordre tel que les droits et libertés énoncés dans la présente Déclaration puissent y trouver plein effet.

Article 29

1. L'individu a des devoirs envers la communauté dans laquelle seule le libre et plein développement de sa personnalité est possible.

2. Dans l'exercice de ses droits et dans la jouissance de ses libertés, chacun n'est soumis qu'aux limitations établies par la loi exclusivement en vue d'assurer la reconnaissance et le respect des droits et libertés d'autrui et afin de satisfaire aux justes exigences de la morale, de l'ordre public et du bien-être général dans une société démocratique.

3. Ces droits et libertés ne pourront, en aucun cas, s'exercer contrairement aux buts et aux principes des Nations Unies.

Article 30

Aucune disposition de la présente Déclaration ne peut être interprétée comme impliquant pour un État, un groupement ou un individu un droit quelconque de se livrer à une activité ou d'accomplir un acte visant à la destruction des droits et libertés qui y sont énoncés.

Cette déclaration a été adopté pour garantir les libertés de tous les êtres humains au moment où ceux-ci était traumatisés par les guerres et les conflits. Ce qui doit être clair pour tous c'est que les êtres humains naissent libres et égaux et chaque gouvernement, tous les leaders doivent tout faire pour garantir cela partout dans le monde quel que soit le lieu et le jour. Cette liberté se trouve menacé aujourd'hui avec la montée de l'individualisme, du repli identitaire et culturelle qui est à l'origine de tous les mouvements sécessionnistes et ségrégationnistes partout dans le globe, du terrorisme et du colonialisme ou les forts qui détiennent la puissance militaire se rendent compte qu'ils sont toujours en insécurité car les guerres ne sont plus conventionnelles et du capitalisme qui détruit tout pour amasser.

Si ces deux chartes étaient respectées, nous ne serons pas témoins en ce vingt-unième siècle du plus grand déclin de l'identité culturelle, sociale et économique de l'humanité. Comment est-il possible que 5% de la population humaine détiennent à elles seules 80% de la richesse et les 95% autres se contentent des 20% ? Tout ceci n'est que le résultat de l'égoïsme et de la cupidité humaine : *Tout pour moi rien pour les autres*, est devenu le slogan de l'heure. Il ne s'agit pas seulement de l'homme qui souffre de la mauvaise répartition des biens il y'a :

- La nature qui se retrouve fortement bouleversée par l'action de l'homme détruisant de manière anarchique la nature et les ressources naturelles sans se soucier des conséquences créant ainsi les changements climatiques preuves du bouleversement de l'ordre établi dans la nature.
- Les autres êtres vivants qui peuplent nos terres, nos eaux et notre atmosphère qui sont en voie de disparition ; disparition causée par la pollution de l'air, du sol et de l'eau ; la non abstinence de ce qui est interdit et le manque de modération dans l'usage de ce qui est permis.

CHAPITRE VII

LA CONNAISSANCE DE l'EDUCATION DONT L'HOMME A BESOIN

L'éducation est étymologiquement « guidée hors de » (du latin educere), c'est-à-dire développer, faire produire. Il signifie maintenant plus couramment l'apprentissage et le développement des facultés intellectuelles, morales et physiques, les moyens et les résultats de cette activité de développement. L'éducation humaine inclut des compétences et des éléments culturels caractéristiques du lieu géographique et de la période historique.

Chaque pays dans le monde dispose de son propre système éducatif, avec un rôle traditionnellement dévolu aux parents d'un enfant (ou à leur substitut) d'amener cet enfant aux mœurs de l'âge adulte, et une intervention souvent croissante des États.

L'éducation est considérée comme un élément important du développement des personnes, d'où le développement d'un droit à l'éducation. Un système éducatif performant est donc un avantage majeur. Inversement, être privé d'éducation sera considéré comme un lourd handicap..[59]

Quel est donc le bon système éducatif approprié pour bâtir les hommes qu'il faut aujourd'hui ? la réponse se trouve dans les proverbes où il est dit *: Donne au sage, et il deviendra encore plus sage ; enseigne le juste, et il croîtra en science.*
La crainte de l'Éternel est le commencement de la sagesse, et la connaissance du Saint est l'intelligence. Ceci nous permet de tirer la première conclusion que la vraie éducation est une éducation de valeurs qui devrait amener tout apprenant à craindre le créateur. Il devient donc clair que la vraie sagesse, la connaissance et la compréhension tirent leur origine de Dieu qui est le créateur de toutes choses visibles et invisibles. Car *toute formation authentique. Dans quelque domaine que ce soit, physique, mental, spirituel ; où que nous portions nos regards, en dehors du fléau du péché, cette évidence s'impose. Quelle que soit notre ligne de recherche, si nous souhaitons sincèrement parvenir à la vérité, nous sommes mis en contact avec l'intelligence invisible et toute-puissante qui est à l'œuvre partout. L'esprit de l'homme*

[59]wikipedia

est en communion avec l'esprit de Dieu, le fini avec l'infini. L'effet de cette communion sur le corps, l'esprit et l'âme dépasse tout ce qu'on peut concevoir [...] C'est d'elle que naît l'éducation supérieure. C'est à travers elle que Dieu veut assurer notre formation. « Accorde-toi donc avec Dieu[60] *», voilà son message à l'humanité. Ces mots posent les bases de la méthode selon laquelle le père de notre race fut éduqué. Lorsque Adam se trouvait dans l'Eden saint, dans toute la gloire de la race humaine sans tache, c'est ainsi que Dieu l'instruisait [...] si nous voulons embrasser le champ d'action de l'éducation, nous devons considérer non seulement la nature de homme et l'intention de Dieu en le créant, mais aussi le bouleversement qu'entraina, pour la condition humaine, la connaissance du mal, et le plan conçu par Dieu pour éduquer l'homme selon son glorieux projet, malgré cela.*[61]L'éducation aujourd'hui devrait viser à restaurer l'image de Dieu en nous, la richesse, la beauté la paix, la stabilité, l'harmonie, l'éternité et le prestige perdu à cause du péché. Car si l'homme *était resté fidèle à Dieu, tout cela lui aurait appartenu pour toujours. A travers l'éternité, il n'aurait cessé d'amasser des trésors constamment renouvelés de connaissances, de découvrir de nouvelles sources de bonheur, de se pénétrer de plus en plus profondément de la sagesse, de la puissance et de l'amour de Dieu. Il aurait de mieux en mieux accompli son destin de créature : il aurait de mieux en mieux reflété la gloire du Créateur*[62].

L'éducation doit donc être le moyen de familiariser l'homme avec son créateur, son caractère, sa bonté, son amour. Malgré le péché la chute et le bannissement, les hommes que nous sommes doivent réapprendre à se connaitre et à connaitre le créateur. C'est pour cela que nous avons consacrés deux parties de cet ouvrage à la connaissance du divin et de soi après cela je nous oriente vers la connaissance des vertus qu'incarnent l'image et la ressemblance de Dieu en nous. La vraie éducation n'a donc pas pour but d'inventer de nouveaux concepts mais plutôt de rechercher les valeurs perdues et ce sont ces valeurs qu'il faudrait ré inculquer à l'humanité afin de rebâtir une société comme celle d'Eden. Cet apprentissage des valeurs doit se faire à tout moment car la vie elle-même est une école. L'éducation doit commencer à la maison, en famille, à l'école, en entreprise, en société, dans les lieux de cultes et sociaux. C'est cette éducation des valeurs que

---

[60]job 22 : 21
[61]Ellen white dans Education
[62]Ellen white dans éducation

les hommes ont tournés le dos qui faisait la fierté des premières années du siècle passé pour se tourner à la rechercher du pouvoir. Oui un peu après la Première Guerre mondiale, les hommes mirent l'accent sur la personnalité au lieu des valeurs morales. Le succès était désormais *fonction de la personnalité, d'une image publique, d'attitudes et de comportements, de talents et de techniques qui lubrifiaient les processus d'interactions humaines*. Par contre les vraies valeurs devraient être trouvées si les hommes mettaient l'accent sur *l'Éthique du caractère* dans leur interaction avec les autres. Ceci devrait permettre l'émergence des qualités comme : l'intégrité, l'humilité, la fidélité, la sobriété, le courage, la justice, la patience. Nous devons revenir à L'Éthique du caractère qui est le seul moyen de réussir sa vie en respectant les valeurs morales et de trouver le bonheur sans entraver celui de l'autre. La recherche du succès comme défini par moi intègre la notion de bonheur de soi et de son entourage ce qui exclut toute approche de manipulation, de duperie, d'exploitation, de domination, d'influence mystiques et spirituelle. La mode de nos jours est la recherche de la reconnaissance et le bien-être sociale sans y associer les qualités d'éducation morales et citoyennes. Cela est perceptible dans les interactions qu'entretiennent les humains entre eux oubliant que la seule chose que le monde retiendra de nous c'est notre caractère et Emerson l'illustre si bien quand il dit : *Ce que vous êtes résonne tellement fort à mes oreilles que je n'entends pas ce que vous dites*. Et Albert Einstein de dire : *la mort n'est pas la pire chose de la vie. Le pire, c'est ce qui meurt en nous quand on vit*". La mort des valeurs qui devrait incarner chaque être humain est à l'origine du déclin de l'identité, de la morale, du civisme et de l'humanisme c'est ce qui est à l'origine de la monté des travers comme le populisme, le racisme, l'individualisme, le sectarisme... Le monde meilleur qui doit voir le jour désormais et celui que je vous propose est un monde de valeur ou la morale, le civisme et l'amour devrais guider toutes nos actions.

L'éducation doit donc viser à bâtir l'homme dans tous les domaines pour cela nous devons tous nous impliquer. La famille étant le socle de la société, les parents en premier car leur rôle premier est celui de l'éducation des enfants sans toutefois les irriter. La famille étant la pépinière de l'école moderne et de la société, le père doit fixer le cas à suivre. S'il est faible, incompétent et irresponsable, alors la famille et la société toute entière ne seront qu'a son image. Le père devrait donc rechercher les fruits de l'esprit suivant *: l'amour, la joie, la paix, la patience, la bonté, la* *bénignité, la fidélité, la douceur, la tempérance.*[63]Les mamans aussi a un rôle important à jouer car elles ont une grande influence sur la formation du caractère de leurs enfants et sur l'ambiance et le tempérament du foyer. Cette action coordonnée des deux parents devrait permettre de bâtir des hommes dont le monde a besoin respectant leurs missions, leurs rôles et leurs valeurs. C'est fort de ce constat que nous avons dit que l'homme doit avoir un certain nombre de qualificatif et valeurs. Et s'il ne les a pas, l'éducation doit lui permettre de les acquérir.

La déclaration universelle des droits de l'homme confirme ces propos en ces termes : *L'éducation doit viser au plein épanouissement de la personnalité humaine et au renforcement du respect des droits de l'homme et des libertés fondamentales. Elle doit favoriser la compréhension, la tolérance et l'amitié entre toutes les nations et tous les groupes raciaux ou religieux, ainsi que le développement des activités des Nations Unies pour le maintien de la paix. Les parents ont, par priorité, le droit de choisir le genre d'éducation à donner à leurs enfants.*

Ceci étant désormais établi que l'orientation de l'éducation est la responsabilité des parents qui ont dans la société le rôle d'éducateur, de gouvernant, de législateurs, de gendarmes, de leader social et religieux. Ceux-ci doivent donc concevoir des programmes qui visent à atteindre les buts de l'éducation qui sont :

- Viser l'épanouissement de la personnalité humaine
- Renforcer le respect des droits de l'homme et des libertés
- Favoriser la compréhension, la tolérance et l'amitié entre toutes les nations
- Développer les activités pour le maintien de la paix

Tout ceci en résumé c'est pour nous dire que le rôle de l'éducation est de nous réapprendre à vivre comme des frères. Pour cela les programmes éducatifs au-delà de l'apport intellectuel doit rechercher avant tout l'épanouissement de la personnalité et non de la personne ; le respect des droits de l'homme et des libertés et non la domination des sachant sur les médiocres ; favoriser la compréhension, la tolérance et l'amitié et non la classification en fonction du niveau de savoir ; enfin le maintien de la paix et non la recherche de la suprématie et de la puissance. Je vais même encore aller plus loin en disant que la finalité de l'éducation doit permettre aux

[63]Galate 5 :22

hommes d'apprendre à s'aimer et à aimer leur prochain et tout ce que j'ai cité plus haut ne sera que la preuve de la réussite : ça s'appelle l'éducation des valeurs.

Je me suis toujours étonner de ce qu'il ne figure plus dans nos programmes scolaires des cours de morales et d'éducation civique qui nous rappelais les règles de morale, d'hygiène et salubrité puisque nos parents étaient censés nous les avoirs enseignés à la maison. Pour bâtir le monde meilleur que je vous propose, l'éducation qui est le maillon central doit former l'homme en lui inculquant le savoir, le savoir-faire et le savoir être et c'est sur ce dernier volet que nous allons nous appesantir au chapitre suivant. Car quand l'homme aura retrouver l'équilibre entre le savoir, le faire et l'être, il deviendra une source de bénédiction pour lui, ces proches et l'humanité toute entière. Voilà l'éducation qu'il faut inculquer à l'homme d'aujourd'hui et de demain afin de bâtir comme le disait Henri Bergson des citoyens qui agissent en homme de pensée et pensent en homme d'action. Des individus qui n'ont pas pour modèle de réussite ces bandits à col blanc que sont certains de nos députés, maires, élites, célébrités, riches mais des hommes que seule l'amour et le bien-être de soi et de son prochain guide les actions. Bref des hommes qui préparent la paix et non la guerre.

CHAPITRE VIII
LA CONNAISSANCE POUR SAVOIR ETRE

L'homme est celui qui doit reprendre la main pour remettre de l'ordre dans la nature. Pour cela il doit dans tous ces actes agir en tenant compte de ces trois rôles suivant : celui de disciple, de Serviteur et de Créateur de vie.

Au fur et à mesure que la population humaine augmentait, les hommes s'organisaient en désignant leurs responsables à des niveaux variés. Ces responsables qui sont perçus comme des guides, des mentors et des leaders ont une responsabilité dans leurs prises de décisions et dans leur attitude au quotidien. C'est la raison pour laquelle quand un homme est conscient qu'il a un plus grand que lui à qui il doit rendre compte, il se comporte comme disciple et non comme décideur. Un disciple est celui qui apprend d'un maître quelques sciences ou quelque art littéral ; c'est celui qui suit la doctrine d'un autre qui s'attache à ses principes, à ses sentiments surtout quand il s'agit des doctrines politiques, religieuses ou philosophiques.

L'homme ayant donc reçu le mandat par le créateur, devait gérer les ressources mis à sa disposition parmi lesquels les hommes et les biens. Pour cela deux missions essentielles lui était confiées : Créer la vie de ses rêves et, créer la joie et le bonheur dans celle de son semblable.

Nous voulons tous vivre une vie de succès c'est pour cette raison que nous lisons ce livre qui nous procure la connaissance qui est la clé du succès comme nous l'avons dit plutôt. La création de notre vie commence par définir dans notre esprit le genre de vie que nous voulons avoir et travailler notre esprit pour atteindre cet objectif. Oui notre état d'esprit conditionne notre succès dans tous les cas et David J. Schwartz le confirme en disant *: vous détenez un pouvoir sans limite ; votre esprit ! Voyez grand et votre vie sera le reflet de vos pensées.* Pour bien comprendre de quoi on parle ici, nous allons résumer cette citation en ses principaux fondements :

- Possédez une vision de succès plutôt que de vos déconvenues passées.
- Ayez une vision de progrès, plutôt que la situation stagnante.
- Projetez une vision de prospérité, plutôt que de « juste rentabilité ».

- Développez une vision créatrice dans tout ce que vous entreprenez, plutôt que des réalisations *banales.*
- Conservez une vision d'Action, plutôt que d'imaginer la stabilité.
- Conservez une vision de lumière, plutôt que de dire que la situation est sombre et sans issue.
- Gardez une vision de Solution, plutôt que celle qui consiste à alimenter votre pensée sur le problème.
- Intégrez une Grande vision, plutôt que de rester sur des « petit projets ».

Il vous invite à veiller à orienter vos pensées vers ce qui est grand, beau, sain, prospère et harmonieux. *Alimentez vos pensées, vos désirs, vos souhaits, vos projets de ces grandes visions positives, créatrices, dynamisantes, constructives, prospères, actives... Votre esprit subconscient va acceptez peu à peu ces nouvelles visions. Conservez-en vous ces grandes visions, même dans les moments difficiles, même quand tout semble aller de travers. Quand le doute s'empare de vous, orientez votre esprit sur vos grandes visions. Vivez avec elles. Chouchoutez-les ! Prenez soin d'elles, comme si vous preniez soin d'une belle plante d'intérieur. Elles deviendront votre « phare ».*

Votre mécanisme de succès sera programmé, et automatiquement dirigé vers l'orientation de vos grandes visions. Voyez Grand là où les autres voient petit.

Une fois que cela est fait et que nous voyons grand là où les autres voient petit, nous devons créer la joie et le bonheur autour de nous. Le faire c'est devenir une source de bénédictions pour les autres en leur donnant. Le don désintéressé de notre argent ou de toute autre ressource matérielle pouvant aider notre prochain nous ouvrira la porte à d'infinies bénédictions. Chaque merci que nous récoltons est un grain d'or dans le grenier de notre existence. Il ne faut pas forcément avoir de l'argent pour donner. On peut aussi donner de : son temps, son énergie, son amour, ses conseils. Quand on veut donner il faut toujours se poser la question de savoir comment puis-je servir et aider mon prochain ? la réponse à cette question nous permettra de faire des dons qui aideront notre semblable à vivre un coin de paradis sur terre en attendant le monde meilleur qui nous a été promis par le maitre quand il reviendra.

C'est dans l'optique de contribuer à bâtir les hommes qu'il faut que, Ellen white en 1903 bien avant les plus grandes recherches en matière de science de l'éducation, pensait que l'idéal chrétien était ce qu'il y'a de plus dynamique et créatrice ce qui est rarement contesté de nos jours. Ellen white dont la force de conviction et la hauteur de vue sont aujourd'hui encore valables en cette période de grande crise sociale, identitaire et sanitaire dans son livre éducation déclare : *ce dont le monde a besoin, c'est d'hommes, non pas d'hommes qu'on achète et qui se vendent, mais d'hommes profondément loyaux et intègres , d'hommes qui ne craignent pas d'appeler le péché par son nom, des hommes dont la conscience soit aussi fidèle à son devoir que la boussole l'est au pôle, des hommes qui défendraient la justice et la vérité même si l'univers s'écroulait.*[64]Cette déclaration nous propose le modèle d'homme dont le monde a besoin. Cet homme qui doit avoir selon elle quatre qualités indispensables : Loyauté, Intégrité, Avoir une conscience fidèle au devoir, Défendre la justice et la vérité et moi d'ajouter à cette liste pour faire six qualités la tolérance et l'humilité. Face à la duplicité, la manipulation, le mensonge, l'infidélité qui caractérisent l'enseignement de Machiavel dans son livre le prince pour tromper, asservir, dominer, commander, je pense que pour bâtir un monde meilleur, il faut changer de doctrine. Thomas d'Hèle le confirme quand il dit : *Il n'est plus de nos jours ni bonne foi ni loyauté, tout est ruse et fausseté*[65]. Toutes les grandes crises en commençant par les deux guerres mondiales ; le terrorisme ; les crises économiques, institutionnelles et sociales avec son lot de revendication ; les grandes pandémies, endémies et épidémies ; nous ont permis de constater notre mal gouvernance conséquence de la mauvaise éducation qui nous a été transmisse jusqu'ici et qui ne visait que la recherche du profit et de la grandeur. Il importe dont à la lumière de nos erreurs repenser l'éducation pour bâtir de nouveaux hommes ; pour cela je nous propose d'examiner les qualités de l'homme dont le monde a besoin aujourd'hui.

- ***Loyauté*** qui peut être vu comme la droiture, la sincérité, la franchise et la bonne foi est la fidélité de quelqu'un à l'égard de quelqu'un ou de quelque chose, qui se manifeste par le respect d'engagements, de règles d'honneur. Si les hommes (politiques, dirigeants, époux, gestionnaires...) étaient loyaux, nous n'aurions pas toutes ces crises sociales, identitaires, économiques et politiques. Beaucoup de

---

[64].Ellen White, Éducation. Dammarie-lès-Lys, Vie et Santé, 1986, (pp. 67-68)

[65]Proverbe de Thomas d'Hèle; L'amant jaloux (1778)

dirigeants utilisent la loyauté pour asservir le peuple, un chef qui demande la loyauté sans rien offrir en contrepartie devient un dictateur. Car chacun à son niveau doit respecter et honorer les engagements qui sont les siens. C'est pour encourager cette pratique qu'un proverbe latin dit : *La franchise et la loyauté sont les premières vertus de l'homme de bien.*[66]

- ***Intégrité*** qui est l'absence de mauvaise intention est la qualité d'une personne qui ne se laisse altérer par aucun vice. Pour Wayne Cheng, l'intégrité engendre la crédibilité. Pour mieux comprendre les principes de l'intégrité, je partage avec vous les sept principes d'intégrité tiré de l'extrait d'un discours prononcé le 6 décembre 2011 à l'université Brigham Young par Tad R. Callister avec pour titre L'intégrité fondement d'une vie chrétienne :

  - *L'intégrité est le fondement de notre caractère et de toutes les autres vertus.*
  - *L'intégrité ne consiste pas simplement à faire ce qui est légal, mais aussi ce qui est moral ou chrétien.*
  - *L'intégrité suscite des décisions fondées sur des implications éternelles.*
  - *L'intégrité consiste à dire toute la vérité et rien que la vérité.*
  - *L'intégrité ne cherche pas de faux-fuyants ou d'excuses.*
  - *L'intégrité consiste à respecter nos alliances et nos engagements*
  - *L'intégrité ne dépend pas de la présence des autres.*

Nous ne pouvons pas pleinement continuer à acquérir d'autres vertus chrétiennes tant que nous n'avons pas fait de l'intégrité la fondation en granit de notre vie. Dans certains cas, cela peut nécessiter que nous passions par le processus douloureux consistant à déterrer une fondation existante, construite sur le mensonge, et la remplacer pierre par pierre par une fondation d'intégrité.

La transformation de notre nature et pas seulement de notre comportement, est facilitée par la perspective éternelle que nous sommes enfants de Dieu, que nous avons une étincelle de divinité en nous et que, grâce à l'Expiation, nous pouvons devenir comme lui, le modèle parfait d'intégrité.[67]

- ***Avoir une conscience fidèle au devoir***

---

[66]Proverbe latin ; (1908)

[67]Tad R. Callister

La fidélité est la qualité de celui qui est fidèle, attaché à ses devoirs, à ses engagements. Ellen white nous recommande d'être fidèle à notre devoir comme la boussole l'est au pôle cela implique que nous devons faire nos devoirs avec amour et passion. Quand il y'a amour et passion, le travail devient facile. Le problème dans nos sociétés c'est que les gens font ce qu'ils n'aiment pas faire et le font au mépris des règles élémentaires d'éducation civique et de probité. C'est pour cette raison que nous avons beaucoup de travaux inachevés ou mal faits. Si les hommes pouvaient être chacun au bon endroit et au bon moment, faisant ce qu'il a toujours voulu faire avec des gens qu'il aime, le travail deviendra plus agréable. Si chacun au lieu de se servir se comportait comme un serviteur fidèle et dévoué en plaçant le bien-être commun en avant, notre monde deviendra agréable. Comme tout ceci n'est possible que si nous avons un cœur rempli d'amour, je vous laisse déguster cet hymne de l'amour écrite par l'apôtre Paul aux corinthiens : *Supposons que je parle les langues des hommes et même celles des anges : si je n'ai pas d'amour, je ne suis rien de plus qu'un métal qui résonne ou qu'une cymbale bruyante. Je pourrais transmettre des messages reçus de Dieu, posséder toute la connaissance et comprendre tous les mystères, je pourrais avoir la foi capable de déplacer des montagnes, si je n'ai pas d'amour, je ne suis rien. Je pourrais distribuer tous mes biens aux affamés et même livrer mon corps aux flammes, si je n'ai pas d'amour, cela ne me sert à rien. Qui aime est patient et bon, il n'est pas envieux, ne se vante pas et n'est pas prétentieux ; qui aime ne fait rien de honteux, n'est pas égoïste, ne s'irrite pas et n'éprouve pas de rancune ; qui aime ne se réjouit pas du mal, il se réjouit de la vérité. Qui aime supporte tout et garde en toute circonstance la foi, l'espérance et la patience. L'amour est éternel. Les messages divins cesseront un jour, le don de parler en des langues inconnues prendra fin, la connaissance disparaîtra. En effet, notre connaissance est incomplète et notre annonce des messages divins est limitée ; mais quand viendra la perfection, ce qui est incomplet disparaîtra. Lorsque j'étais enfant, je parlais, pensais et raisonnais comme un enfant ; mais une fois devenu adulte, j'ai abandonné tout ce qui est propre à l'enfant. A présent, nous ne voyons qu'une image confuse, pareille à celle d'un vieux miroir ; mais alors, nous verrons face à face. A présent, je ne connais qu'incomplètement ; mais alors, je connaîtrai*

Dieu complètement, comme lui-même me connaît. Maintenant, ces trois choses demeurent : la foi, l'espérance et l'amour ; mais la plus grande des trois est l'amour.[68]

- ***Défendre la justice et la vérité***

David Starr Jordan parlant de la corrélation entre la justice et l'excellence dit : *Il n'existe pas au monde de véritable excellence que l'on puisse dissocier d'une vie juste.* La justice est un principe moral qui exige le respect du droit et de l'équité. C'est aussi une qualité morale qui invite à respecter les droits d'autrui. C'est enfin le droit de dire ce qui est légalement juste ou injuste, condamnable ou non, ce qui est le droit. Défendre donc la justice et la vérité revient à agir dans le strict respect de la vérité avec rigueur et impartialité. Ce qui n'est pas une chose aisée dans notre société actuelle car pour Platon *personne n'est plus détesté que celui qui dit la vérité*[69].Pour Platon, la vérité dérange ! Certaines personnes préfèrent vivre dans l'ignorance. Elles ne veulent pas savoir pour ne pas souffrir, ne pas voir pour ne pas pleurer. Les personnes qui préfèrent vivre dans le mensonge ont peur d'assumer la vérité et de ne pas savoir gérer une situation difficile. Ne dîtes jamais le contraire de ce que vous pensez, ne mentez pas si vous souhaitez être heureux et n'ayez jamais peur de la vérité, car seule la vérité pourra vous rendre libre et vous permettra de grandir en tant que personne. Ayant grandi en tant que personne, nous feront tout ce qui est à notre pouvoir pour que seule la vérité et la justice triomphent même si l'univers arrivait à s'effondrer.

Voilà dont les qualités de l'homme dont le monde a besoin en ces temps de crises pour réorganiser, rebâtir notre idéal perdu mais cela est insuffisant car avec la montée de la violence matérialisée par le terrorisme, le séparatisme, les guerres, les soulèvements populaires, les révolutions, il devient indispensable d'avoir les deux autres qualités que j'ajouter : la tolérance et l'humilité. Ces deux qualités sont le ciment de toute relation humaine dont l'amour est le socle car pour vivre ensemble dans la diversité ; diversité raciale, diversité culturelle, diversité religieuse, diversité sociologique, diversité d'opinion, diversité d'éducation, diversité de tempérament… ; il n'y a que la tolérance et l'humilité pour nous aider à vivre ensemble malgré notre diversité.

---

[68] 1 Corinthien13 version française courant
[69]Platon

- **Tolérance**

C'est l'attitude de quelqu'un qui admet chez les autres des manières de penser et de vivre différentes des siennes propres. C'est aussi l'attitude de quelqu'un qui fait preuve d'indulgence à l'égard de ceux à qui il a affaire. C'est enfin l'aptitude de quelqu'un à supporter les effets d'un agent extérieur, en particulier agressif ou nuisible.

Dans un article d'Ulrich Tadajeu Doctorant en Histoire Politique à l'Université de Dschang, au Cameroun à cette époque parue le 15 novembre 2013 à la veille de la célébration de la journée internationale de la tolérance, avec pour titre : La tolérance, une harmonie dans la différence inspirée de la déclaration de l'UNESCO sur les principes de la tolérance du 16 Novembre 1995.Voici un extrait : *le monde vire de plus en plus vers une intolérance extraordinaire. Du racisme au tribalisme en passant par les conflits générationnels, l'intolérance a fait son lit dans notre monde plombant ainsi notre marche vers une humanité noble et respectueuse.* La montée de la violence verbale, la violence physique, la violence intercommunautaire bref la violence tout cours n'est que le corolaire d'intolérance. C'est conscient de cet état de chose et à l'initiative de la conférence générale de l'Organisation des Nations Unies pour l'éducation, la science et la culture (UNESCO) qu'est proclamée et célébré depuis 1995La journée internationale de la tolérance. Pour que cette journée ne soit pas une de plus, les Etats membres de l'UNESCO ont adopté une Déclaration des principes sur la tolérance *dans l'optique de préserver le monde de toutes sortes de destruction et surtout de préparer un monde meilleur pour les générations futures*[70].

Si je peux redéfinir la tolérance en intégrant son importance avec les éléments d'exemples du moment, je dirais que la tolérance c'est vivre en harmonie avec tous malgré nos différences de diverses. Conscient donc du fait que nous sommes obligés de cohabité dans un environnement donné pendant un certain temps, tolérons-nous les uns les autres pour préserver la différence qui nous caractérise. Confucius de dire : exige beaucoup de toi-même et attends peu des autres. Ainsi beaucoup d'ennuis te seront épargnés[71]. Son enseignement a donné naissance au confucianisme qui est une voie d'épanouissement humain afin d'être « un homme de bien » et vivre en bonne harmonie avec ses semblables. Oui il est possible de vivre

---

[70]UlrichTadajeu

[71]Confucius (philosophe, 551-479 avant JC)

en harmonie si nous revêtons une autre qualité qui est l'humilité qui permettra de taire les égos des uns et des autres pour faire émerger le dialogue et le consensus.

- **L'humilité**

Le mot humilité est généralement considéré comme un trait de caractère d'un individu qui se voit de façon réaliste. C'est le sentiment de sa propre insuffisance qui pousse à réprimer tout mouvement d'orgueil (égocentrisme, narcissisme, dégoût de soi),. Donc en deux mot l'humilité c'est la modestie et la modération d'abord dans l'appréciation de soi et dans les rapports avec les autres. La modération et la modération revoie à l'économie, la sobriété, la mesure, la tempérance, la prévoyance, l'épargne, la frugalité, la parcimonie, la précaution, la prudence, la réserve, la retenue, l'équilibre, la pondération, la circonspection, le calme, la sagesse, la raison, le raisonnement, le bon sens, le sens commun. Toutes ces expressions semblent dire la même chose mais chacune s'applique dans un contexte bien précis ceci pour relever l'universalité et la nécessité de faire preuve d'humilité dans toutes les circonstances et à tout moment pour assouplir les rapports avec nos semblables.

Pourquoi affirmer l'humilité comme clef de voûte à la sainteté et à la paix. Parce que l'humilité apparait et apparaitra (et les témoignages sont là pour le démontrer) qu'il n'y a pas de paix sans l'humilité. L'orgueil qui sévit et qui gangrène notre humanité ne peut se prévaloir que d'une chose ; c'est de faire peser sur le monde ; la violence, la haine, la guerre, tandis que l'humilité, c'est la reconnaissance de notre petitesse devant celui qui, Tout-Puissant, nous a montré l'exemple. Tout-Puissant qu'il est, il n'a pas hésité à s'abaisser pour se faire homme. Incarnatus est, et dans cet élan, pour que l'homme à son tour, devienne Dieu[72]*.Une* paix *inaltérable remplit le cœur de l'homme humble ; la rancune et la colère empoisonnent celui de l'homme orgueilleux*[73].

Il importe de noter que L'humilité n'est pas une qualité innée chez les humains mais elle s'acquiert avec le temps, le vécu. Elle est le résultat d'une prise de conscience de ce qu'on n'est en tant qu'humain (mortel) et de sa place au milieu des

---

[72]saint Augustin replis par Père J.C. Mercier dans un article intitulé L'humilité, clef de voûte de la sainteté et de la paix

[73]Wikipedia : pour les chretiens

autres (créateur de la joie et de la vie). Conscient dont de cela, nous devrons nous exercer à vivre et à agir avec humilité et même quand nous ne l'avons pas fait ou n'avons pas agi dans ce sens, revenons en nous pour réparer cette injustice. Ceci nous amène à dire qu'avoir une seul de ces qualités ne permettra pas de bâtir un monde meilleur, plus juste et stable mais réussir à agir avec Loyauté, Intégrité, fidélité au devoir, justice et vérité, la tolérance et l'humilité nous garantira à coups sure le bonheur, la paix et la joie qui sont les éléments nécessaires pour vivre ensemble et en harmonie avec les autres. Pas seulement avec les hommes mais avec la création toute entière.

PARTIE III

LA CONNAISSANCE DU MONDE ET DE SES RICHESSES

David Augustin de Brueys disait *: La connaissance du monde est importante et nécessaire à tous ceux qui veulent y remplir leur rôle avec honneur, et éviter le ridicule qu'on a si légèrement attaché à l'ignorance des usages.* Ceci implique la connaissance de notre environnement de vie. Car pour engager une affaire ou un commerce, il faut analyser son public cible, l'environnement géographique et culturel dans lequel notre produit sera accueilli. Par exemple si nous décidons de fabriquer des chaussures pour marcher dans la glace ou la neige, il faudra se poser la question de savoir ou trouve-ton la neige et qui doit porter mes chaussures, qui va m'aider à les confectionner et à les commercialiser. Donc pour connaitre son environnement, il faut se poser les questions suivantes.

- **Où suis-je** c'est-à-dire dans quel pays ? Bref définissez le lieu de manière très précise.
- **Quels sont les ressources** qui sont à ma disposition ? Ici on peut traiter dans un premier temps des lois qui régissent ou encadrent l'activité dans laquelle vous voulez vous lancer, dans un second temps traiter des ressources matérielles c'est-à-dire la matière première dont vous allez vous servir pour réaliser votre projet ; en troisième lieu traiter des ressources logistiques qu'il vous faudra et dans un quatrième lieu si vous n'avez pas toute la connaissance sur les procédés traiter des ressources humaines complémentaires qu'il faudra utiliser pour réaliser votre projet.
- ***A qui mon produit ou projet s'adresse-t-il ?***

Il est important voir indispensable de connaitre à l'avance qui doit être ton client final pour adapter ton projet à ses exigences. Cette personne à qui ton produit s'adresse, tu dois connaître ses goûts, son cadre de vie, son pouvoir financier, son âge etc. Ici, nous pouvons cibler plusieurs catégories de clients pour cela il faudra avoir des informations pour chacun deux.

- ***Ce qu'il faut faire pour atteindre son client.***

Ici il est question de savoir comment nous communiquerons pour attirer notre client, quelle est la bonne manière de présenter notre produit ou projet pour attirer notre publique cible ? Comment allons-nous acheminer notre produit pour qu'il soit disponible à tout moment ? Comment allons-nous distribuer notre produit ?

S'il y a quelque chose qu'il est facile d'avoir de nos jours, c'est la connaissance car avec l'évolution de la technologie et l'entrée du numérique, le monde est devenu est petit village. A n'importe quel point du globe il suffit juste d'être connecté et d'avoir le bon tuyau, vous pouvez obtenir toutes les informations souhaite et en un temps records.

Il existe plusieurs moyens d'obtenir la connaissance :

a. Par la formation.

L'écrivain français Richard Lewy disait : *investir dans la formation c'est conjuguer au présent mais aussi au futur.* La formation est un investissement qui nous rapporte dans le présent et le futur. C'est un investissement qui ne se perd pas car on a gagné de la valeur propre d'abord et de la valeur qu'on peut partager aux autres par plusieurs moyens.

Pour connaître nous pouvons choisir l'une des méthodes de formation suivantes :

- Formation théorique pour avoir la connaissance intellectuelle.
- Formation pratique pour acquérir le savoir faire
- Formation autodidacte en cherchant à imiter les modèles et en s'exerçant à l'appliquer en tâtonnant.

Pour maximiser sa réussite, il faut combiner toutes ces formations en recherchant la connaissance intellectuelle en apprenant, en même temps en la mettant en pratique et en comparant ce qu'on a appris a l'école et l'exemple qu'on tire de l'expérience des modèles qui nous entourent pour créer notre propre voie.

Se former pour réussir, c'est comprendre qu'il faut assimiler la formation théorique et la mettre en pratique juste après pour être doublement efficace.

Pourquoi il est important de se former pour réussir ?

- ***On se forme parce que nous vivons dans un monde plus concurrentiel***

Les meilleurs experts au monde se forment en continu pour toujours devenir meilleurs car nous vivons dans un siècle appelé siècle de vitesse ou le monde est devenu très concurrentiel et avec la mondialisation, on peut offrir ses services ou vendre ses produits dans n'importe quel coin du globe sans même sortir de chez soi c'est la raison pour laquelle il est important de se mettre à jour et acquérir de nouvelles compétences dans des domaines variés.

Dans un monde concurrentiel, sans formation on stagne, on progresse lentement et on se fait dépasser.

- **On se forme pour s'ouvrir le champ des possibles**

Quand on se forme, on accède à de nouvelles possibilités. Se former nous offre de nouvelles opportunités car il permet soit de s'améliorer dans un domaine où l'on a des connaissances, soit de se former dans un nouveau domaine. Se former vous offre donc la capacité de changer de métier ou de devenir un expert dans votre domaine.

- **On se former pour se faire du réseau**

Se former, c'est aussi aller dans des séminaires, aller à des formations, participer à des forums ou des évènements et donc se créer du réseau. Se former vous permet de développer un réseau de partenaires pour la vie car vous ne vous former pas seul et dans chaque thématique ou module de formation, il y a toute une communauté derrière depuis les formateurs jusqu'aux apprenants et il est bon de développer un réseau que vous pourrez utiliser plus tard.

Il faut se former pour réussir dans la vie, dans votre emploi et dans votre passion. Si tu réussis à obtenir un diplôme, bravo ! Mais le diplôme n'est aucunement une condition à la réussite. Car ce qu'il faut rechercher avant tout c'est l'éducation et la connaissance. Voilà donc la preuve que parfois l'ingéniosité et le talent sont plus utiles dans la vie professionnelle que les diplômes. Reste que malheureusement, devenir le nouveau Steve Jobs n'est pas évident et que les études seront toujours une façon de protéger ses arrières.

b. Par l'information

La télévision les medias et le web sont devenus de très bons outils pour avoir la connaissance dans beaucoup de domaines, mais il faut être capable de faire le tri sinon au lieu d'être bien informé, vous serez plutôt désinformé. Regardez des programmes scientifiques, des témoignages des gens qui ont réussi, les débats éducatifs, les films qui peuvent vous faire rêver et vous donner envie de vous identifier au personnage principal.

c. Par la lecture

La lecture des biographies des personnes à succès nous offre des tuyaux puissants pour enrichir notre savoir-faire, notre savoir être. Ces livres ont des enseignements sur beaucoup de domaines allant de la psychologie, des finances, l'investissement à la spiritualité. Beaucoup de livres inspirants d'auteurs à succès vous aideront à créer le déclic suffisant pour vous pousser à l'action.

d. Par la société

Il est fortement recommandé de bien choisir ses amis ou ses collaborateurs car il est important de choisir comme compagnons de vie des gens qui peuvent vous apporter un plus ou qui vous encouragent dans votre projet de vie au lui de marcher avec des gens qui attendent de recevoir tout de Vous.

Je ne cesserai jamais de le dire, l'école de la vie t'apprendra plus que n'importe quelle université. Oui tu dois te former pour réussir mais pour cela tu dois te faire confiance. Te donner l'espace et l'opportunité de faire parler ton potentiel. La condition qu'il faut avoir pour réussir, c'est la motivation, l'envie de réaliser ses rêves, ne pas s'arrêter aux limites fixées par la société.

La formation aura un impact dans notre vie si nous réussissons à combiner le savoir académique avec le savoir-être et le savoir-faire. C'est la mise en pratique de notre savoir acquis et la mise à l'épreuve de notre savoir-faire pour le mettre à jour qui nous permet de nous challenger pour trouver la formule à succès dans notre cas. Car il n'existe pas de recette miracle du succès mais une multitude de recettes à éprouver sur le terrain et à challenger pour obtenir la recette la mieux adaptée à notre cas.

CHAPITRE IX :
LA CONNAISSANCE DE LA NATURE

Sénèque, philosophe, dramaturge et célèbre écrivain de l'école stoïcienne, homme d'État romain du Ier siècle de l'ère chrétienne écrivit que : *La vraie sagesse n'est pas de s'éloigner de la nature, mais de façonner son comportement selon ses lois et son modèle.* Ceci pour dire que quand l'homme ajustera son comportement selon les lois de la nature et son modèle, il aura acquis la vraie sagesse car *le destin de l'environnement est influencé par la nature de l'homme qui y habite*[74]. Le danger de notre avenir est l'inconscience de l'homme dans sa prise de décision car l'homme au lieu de vivre en harmonie avec la nature c'est transformer en bourreau, pillant, détruisant sans vergogne tout sur son passage pour assouvir ses besoins personnels créant ainsi de grave conséquences qui sont à l'origine des catastrophes naturelles créés par le réchauffement climatique et les mouvements des plaques tectoniques.

Selon les scientifiques, la pollution de l'environnement est l'un des problèmes les plus importants dans le monde. Cela est très important car sans un environnement sûr et sain, les humains ne pourront pas continuer leur vie naturelle. Par conséquent, protéger l'environnement et le maintenir est considéré comme l'un des besoins fondamentaux les plus importants pour chaque être humain. Ce n'est qu'en le faisant que nous réussirons à rétablir l'équilibre perdu et vivre en harmonie avec la nature. Dans ce chapitre nous aborderons la question des effets de l'action de l'homme sur l'environnement et comment le protéger au quotidien.

L'environnement est l'ensemble des éléments qui nous entoure. *Il désigne l'ensemble des conditions naturelles (géologiques) ou artificielles (physiques, chimiques et biologiques) et culturelles (sociologiques) dans lesquelles les organismes vivants se développent (non seulement l'homme, mais aussi des espèces animales et végétales qui sont susceptibles d'interagir avec lui directement ou indirectement).*[75]Ce qui inclut l'air, la terre, l'eau, les ressources naturelles, la flore, la faune, les êtres humains et leurs interactions sociales. Sa préservation est

---

[74]Keller Tubanza

[75]Dictionnaire environnement

importante pour nous garder en bonne santé tout en promouvant le développement durable des générations actuelles et de celles de l'avenir. Il importe de rappeler que la principale cause de tous les problèmes environnementaux est l'Homme qui en se développant et se modernisant laisse de plus en plus son empreinte sur l'environnement pour satisfaire ses besoins. Pour sauver donc notre environnement, il faut un changement de comportement des gouvernements et des individus. Les problèmes environnementaux peuvent être cités comme suit : la pollution de l'eau, la pollution des sols, la pollution de l'air, l'exploitation excessive des ressources naturelles entrainant leur épuisement, la disparition massive des espèces végétales et animales, l'épuisement de la biodiversité, le réchauffement climatique, etc.

A la question de savoir pourquoi il est important de protéger et préserver son environnement, nous répondront comme ceci selon les informations tirées du site opc-connaissance :

- **Protéger l'environnement, c'est protéger notre nourriture, nos médicaments et notre eau**

Depuis l'époque ancienne, notre nourriture, nos médicaments et notre eau a toujours été tiré de la nature. Bon nombre de maladies sont traités à partir des racines, des écorcés et des feuilles de certaines plantes. Nous savons tous que toute notre pollution finie par se retrouver dans nature donc dans notre nourriture et dans notre eau que nous buvons. Si nous ne faisons donc pas attentions dans nos comportements, nous finirons par nous empoisonner nous-même et nos proches.

- **Protéger l'environnement, c'est préserver la qualité de l'air que nous respirons**

L'air est absolument indispensable à notre survie. Nous ne pouvons pas survivre plus de quelques minutes sans respirer. L'air nous apporte l'oxygène, carburant de nos cellules.

- **Protéger l'environnement, c'est conserver le climat que nous connaissons**

Nos sociétés ont des modes de vie adaptés au climat actuel. Si le climat change, nos sociétés n'y seront pas adaptées. Certaines régions subiront de graves désordres.

- **Protéger l'environnement, c'est préserver la biodiversité dont nous avons besoin**

La biodiversité, c'est la variété des espèces animales et végétales de la nature.

- **Protéger l'environnement concerne chacun d'entre nous**

Vous devez prendre conscience et faire prendre conscience à chacun de l'importance de protéger l'environnement. Car protéger l'environnement, c'est protéger l'humanité et permettre qu'elle survive.

Dans le livre Environnement, développement et coopération : enjeux et moyens d'action Franco Romerio et Milad Zarin-Nejadan conclus ce jolie ouvrage que je vous invite à lire par ces propos que je cite : *La protection de l'environnement fait partie intégrante du développement. Sans une bonne protection de l'environnement, il n'y aura pas de développement durable. Sans développement, il n'y aura pas de ressources suffisantes pour effectuer les investissements qui s'imposent, et donc pas de protection de l'environnement. Or, si l'importance de la prise en compte de la dimension environnementale dans la conception des programmes de développement est aujourd'hui largement reconnue, les moyens mis en œuvre par les pays développés et les organisations internationales sont loin d'être à la hauteur des ambitions telles qu'elles ressortent des déclarations de bonnes intentions qui font l'unanimité lors des conférences internationales.* Ceci nous permet de dire que la protection de l'environnement, le développement durable et la disponibilité des ressources tant humaines, naturelles et financières sont liés car l'homme étant au centre, un homme malade ne peut pas être productif et une nature malade et spoliée ne peut pas apporter grand-chose comme ressources. Par contre l'usage modéré de ce qui est permis et l'abstinence de ce qui est interdit permet d'être rationnel.

Nous ne pouvons pas empêcher l'homme de se servir de la nature car celle-ci a accepté de se sacrifier pour son devenir et son bonheur mais faisons-le avec respect et élégance celle d'un gentleman reconnaissant l'importance d'un tel sacrifice. C'est dans cet optique qu'il nous est recommandé de :

- Ne prendre que ce dont on a besoin pour notre subsistance immédiate en évitant tout ce qui est exploitation abusive et anarchique des ressources ;
- De remplacer au fur et à mesure pour pérenniser la survie des espèces en encourageant toutes actions qui visent à cultiver, planter, enfanter, engendrer, multiplier les espèces
- De préserver les espèces en voie de disparition pour pérenniser les espèces vivantes ;
- D'éviter toutes actions polluants l'air, l'eau, le sol
- D'assainir notre cadre de vie pour le garder propre et sain.

Toutes les vertus citer plus haut à la deuxième partie de cet ouvrage trouve tout leur sens ici car en agissant avec loyauté, intégrité, justice, humilité et tolérance envers la nature, nous récréerons le paradis perdu qui était notre environnement à la création du monde dans lequel nous vivons. Tout ceci ne peut pas se faire sans douleur au risque de laisser prospérer le chao et c'est ici que les symboles mathématique (+ - / x) trouvent tous leurs sens. Ces symboles représentent la dualité, les deux grands types de comportements. Oui pour renaitre il faut mourir ; pour multiplier il faut diviser, pour additionner pour soustraire.

Quand je marche dans la rue j'observe le comportement des artistes et j'apprécie la manière et la délicatesse avec laquelle il interagisse sur les objets pour leur donner finalement la jolie forme qu'ils méritent. Regarder par exemple un jardinier : il faut qu'il enlève, soustrait certains éléments de la plante avec un objet tranchant pour permettre une éclosion de nouveaux encore plus jolie et épanouit. C'est exactement ce qui se passe quand on enfante : on perd les eaux, le sang, la sueur, l'énergie pour apporter la vie. Il faut qu'un fils et une fille quittent leurs parents respectifs pour se multiplier en créant une nouvelle famille au grand bonheur de la race humaine.

A cela, je voudrais nous inviter à réussir à faire le mariage entre :

- L'essentiel et le voulu
- L'action comportementale et la recherche du bien être
- Le développement humain et l'environnement sain
- Envie de se réaliser et développement
- Le comportement et l'environnement

Ce mariage est important parce que les hommes cherchent à suivre la voix de leurs rêves, de leurs ambitions, ils doivent tout faire pour que leur action préserve la sante communautaire et environnementale : c'est ça la vraie sagesse. Car il nous aidera ce mariage à privilégier le bien-être commun à celui individuel. Les comportements inspirés par l'individualisme (tout pour moi et rien pour les autres) ont une incidence sur l'avenir de la planète, de notre espèce, de nos ressources. Par contre les comportements qui sont la résultante de l'amour, du vivre ensemble, de la solidarité, sont à féliciter car ils visent le bien-être pour tous et avec tous. C'est la raison pour laquelle je suis solidaire de ceux qui pensent qu'il faut combattre l'individualisme, le sectarisme, l'égoïsme, l'égocentrisme, le racisme, ... ce qui permettrait de bâtir le monde meilleur dont le monde à besoin. Je n'ai pas la prétention qu'il soit possible que tous les hommes aient la même pensée, le même but, la même vision, les mêmes objectifs mais je crois que si l'intérêt commun, global prime sur ceux des uns et des autres, il nous sera plus aisée d'arriver à des consensus pour le bien de l'humanité. Aristote de dire : *être heureux ne signifie pas que tout est parfait, cela signifie que vous avez décidé de regarder au-delà des imperfections.*

Mon but dans cet ouvrage n'est pas de prescrire des recettes miracles pour stopper ou diminuer l'impact de l'action de l'homme sur la terre, l'environnement, le climat, mon intention est de susciter une prise de conscience qui permettrait l'émergence des comportements nouveaux guidés par la vraie sagesse. C'est quand nous aurons changés d'attitude et que nous aurions pris en compte l'intérêt supérieur de l'autre la planète comprise que nous serons au rendez-vous de l'histoire. Nous aurons alors contribué à bâtir un monde plus sain ou la santé communautaire et environnementale sera la priorité. Notre démarche est donc pédagogique : C'est pour cela que nous en parlons.

Avec l'avènement du covid19 qui est venu nous rappeler la fragilité de notre espèce, il devient urgent de sonner la trompette afin que le monde entier du nord au sud, de l'est à l'ouest, les grands et les petits, les riches et les pauvres, les forts et les faibles, prennent conscience des conséquences de leurs actions égoïstes pour s'engager à :

- Diminuer les émissions de gaz à effet de serre dans l'atmosphère ;
- Planter des arbres sans lesquels l'air ne peut être purifié (grâce à la photosynthèse) ;
- Limiter la pollution des mers et des cours d'eaux en adoptant des comportements de recyclage et de partage ou lieu de jeter systématiquement tout ce qui ne nous sert plus à la poubelle de la nature (il est important de noter que tout a toujours été recyclage : cycle de l'eau, de l'air, des plantes, de la vie…)
- Arrêter de détruire l'écosystème marin et la mangrove qui a pour mission de nous protéger des flux marins.
- Etreindre les arbres chaque jour pour étreindre la vie

Nous étant donc engagé à mener ces actions, je voudrais maintenant ici après avoir dit tout ce qui précède sur la nature dire que les hommes que nous sommes avons intérêt voir même l'obligation de nous réconcilier avec la nature en commençant par la terre de laquelle nous avons été tirés. Savez-vous que 80% de nos problèmes de santé sont liés à notre déconnexion à la terre ? Pensez-vous que 80% de vos maladies chroniques peuvent simplement disparaître parce que vous renouer avec la terre sur laquelle vous marchez ?Pour répondre à cette question, je voudrais d'abord vous dire qu'il existe tellement de témoignages qui démontrent l'importance de rétablir ce contact avec notre terre. Pour être plus percutent et dire les choses comme il le faut, je vais vous partager les réflexions de **Jaggi Vasudev** mieux connu sous le nom **Sadhguru** (c'est un guru indien, maître yogi et mystique fondateur de l'Isha Foundation, une organisation à but lucratif de yoga. C'est un guide spirituel qui compte des millions d'adeptes à travers le monde. En 2017, Sadhguru reçoit le Padma Vibushan, la seconde distinction la plus haute accordée par le gouvernement de l'Inde. Son livre *Inner Engineering* devient un New

York Times Bestseller la même année). Pour lui, l*a partie la plus intime de la physicalité dans l'existence est votre corps. Et ce corps n'est qu'un fragment de terre. Vous êtes juste un petit affleurement de cette terre. Là maintenant vous êtes un affleurement qui se pavane de-ci de-là, au bout d'un certain temps, vous allez devenir un petit monticule. Vous croyez peut-être plein de grandes choses sur vous-même, mais ça n'est pas la réalité. Quelque part, cette chose fondamentale que nous sommes juste un petit affleurement du sol sur lequel vous êtes assis en ce moment, est oubliée, en général jusqu'à ce qu'on soit enterré. Si vous voulez vivre de façon sensée, vous devriez être en contact avec la terre sur laquelle vous vivez. Aujourd'hui parce que nous avons perdu ce contact, de certaines façons ça se désorganise. Cette désorganisation peut provoquer des maladies, et rendre faible, et in fine déstabiliser le système lui-même.*

Il poursuit pour prescrire le mode d'emploi en disant en ce qui concerne la réconciliation de l'homme avec la nature que : *Une façon simple là tout de suite c'est, de travailler avec la terre, l'eau, les plantes, et de rester dehors. Cela va déjà faire quelque chose. Donc fondamentalement s'il y a une certaine garantie d'approvisionnement pour le corps en termes de nourriture, s'il y a de l'air frais à respirer et si on est en contact avec la terre, cela peut boucler le processus de santé, entièrement. Donc si vous ne pouvez pas être en phase avec ça, si vous êtes très riche et tendance, vous pouvez prendre un bain de boue, c'est une autre manière. Donc aujourd'hui vous prenez des vacances, allez au spa, prenez un bain de boue, dans une atmosphère très coûteuse. Mais si chaque jour vous enfoncez vos mains dans la terre, pendant au moins quelques minutes par jour, vous verriez que le corps serait en bien meilleur état. Parce qu'à chaque fois qu'il est en contact avec la terre, le corps se réorganise. Plus vous êtes en contact avec elle, mieux c'est.*

Et il dit enfin : *Vous ne pouvez pas tous devenir agriculteurs maintenant. Et peut-être que vous habitez au douzième étage et que vous ne pouvez pas devenir jardinier non plus. Donc au moins être en contact avec la terre, les paumes et la plante des pieds sont très sensible à cela. Si vos mains et vos pieds nus sont en contact avec la terre, ça fera une différence. Ou au moins vous faites votre…Je ne recommande pas cela mais… si vous faites votre sieste de l'après-midi, faites-la sous un arbre. Avec votre colonne vertébrale en contact avec la terre, les choses vont très bien se passer. Ou être dans une étendue d'eau naturelle qui est dans la terre, comme un lac ou une rivière ou un océan, va faire des choses incroyables au système. Vous connaissez la mise à la terre vous savez, les mises à la terre électrique qu'on fait. Donc, lorsque vous mettez les connexions électriques à la terre, une chose importante c'est que ça reste humide parce que si c'est humide, ça conduit mieux. Donc c'est la raison pour laquelle, dans tous les temples indiens, pourquoi pensez-vous que les gens mouillent leurs corps, et s'allongent sur le sol en se prosternant, c'est simplement ça. Pas juste une mise à la terre, cette terre particulière, qui est une terre énergisée aux alentours. Donc, vous voulez que le corps tout entier soit en contact avec la chose. Donc les hommes y vont nus, leur torse au moins est nu. Les femmes y vont avec des habits trempés, pour que, ce contact soit là. Ce contact avec la nature, que ce soit la terre, l'air ou l'eau est très important. Si cela n'est pas présent, le corps va lentement perdre son intégrité, il va perdre sa stabilité, il va perdre de nombreuses facultés dont il est capable. Il va peut-être encore survivre, il ne va peut-être pas mourir demain matin, mais il perd l'étendue des capacités avec lesquelles il est arrivé.*

Donc en résumé, il est bon de :

- Marcher régulièrement sans chaussure pour que nos plantes de pieds soient en contact avec le sol, les herbes, la boue. *La connexion à la terre permettra d'activer une protection naturelle. Cette protection est utilisée par les animaux sauvages pour se protéger efficacement de l'electrosmog (ou pollution électromagnétique). Lorsque nous passons une journée déconnectés de la terre, il est important de compenser durant la nuit. Cette connexion améliorera la qualité de votre sommeil et permettra à votre corps de mieux se régénérer.*[76]
- De dormir en même le sol, sous un arbre, sur un natte pour redresser notre colonne vertébrale
- D'utiliser ces doigt fréquemment pour labourer la terre ceci pour harmoniser toutes les terminaisons nerveuses, construire une mémoire physique et nous rappeler que nous sommes mortels

---

[76]**One thought on "Le contact avec la terre – ALATERRE® – l'avis de Sadhguru"**

CHAPITRE X :
LA CONNAISSANCE DES REGLES DE L'ENRICHISSEMENT

Aladji ABBO un des hommes riches de mon pays a dit un jour : *Gagne de l'argent et monde entier s'accordera à vous appeler Monsieur.* Oui gagner de l'argent nous offre une certaine respectabilité et un certain confort. Cependant il faut connaître les règles de base de l'enrichissement. Le succès financier n'est que la résultante d'une combinaison de quatre facteurs :le travail, l'épargne, l'investissement et la bénédiction.

En *sociologie*, le *travail* se définit comme l'ensemble des activités humaines répétitives, pénibles, non gratifiantes et réalisées dans la contrainte. Cette définition quoi qu'un peu dégradante est vrai en ceci que quand vous travaillez pour gagner de l'argent, vous devez suivre les règles fixées par votre employeur qui exige de vous : la ponctualité, l'assiduité, la régularité ceci au mépris de vos problèmes personnels ou familiaux. Mais vous vous y mettez car vous savez que c'est là votre capital le plus sûr par lequel votre succès dépend. Pour le dire en des termes simples, sans travail il n'y a pas de gains. C'est pour cette raison qu'il est urgent de mettre en place des stratégies qui nous permettront de faire travailler son argent pour soi. Pour y arriver, il faut commencer avec ce que vous avez, là où vous êtes. Pour le cas de l'histoire du laboureur et ses enfants que nous avons vu plus loin, il avait la terre comme héritage et la démarche étais de : *Creuser, fouiller, bêcher ; et de ne laisser nulle place Où la main ne passe et repasse.* Ce qui voulait tout simplement dire de travailler sans relâche. Après cela vient souvent la pluie qui ne dépend pas de nous pour arroser l'ensemble. A ce niveau pour pouvons-nous arrêter pour évoquer la première équation de l'enrichissement. Pour s'enrichir, il faut cumuler les opportunités à une bonne stratégie, aux efforts, à la persévérance et à la bénédiction qui est l'aide du divin.

- **Opportunité**

Toute réussite commence par une opportunité qui n'est que l'ensemble des circonstances ou occasions favorables.

- **Stratégie**

Autour de cette opportunité on met en place une stratégie qui est l'ensemble des canaux…Pour passer d'un objectif ambitieux à l'action, il faut décomposer ses objectifs en plusieurs étapes et simplifier ces étapes en des actions unitaires à exécuter l'une après l'autre. Dès que ce travail est fait, chaque jour poser une action qui nous rapproche de notre idéal de vie.

- **Effort**

Nous devons faire nôtre, comme un leitmotiv cette exhortation : *Un pas, un autre pas, encore un autre pas et tenir gagné chaque pas*[77]. Ces efforts effectués de manière crescendo, nous mèneront peu à peu à la réalisation de notre rêve et par ricochet vers un monde meilleur.

Tu mangeras à la sueur de ton front a dit le seigneur. *Un pas, un autre pas, encore un autre pas et tenir gagné chaque pas*[78].

- **Persévérance**

La persévérance trouve tout son sens puisque l

Mais c'est la persévérance qui nous maintient ferme malgré les échecs ou la pénibilité du moment. Ne dit-on pas que la vie est un combat ? Et que ce qui compte ce n'est pas le nombre de coups que tu es capable d'encaisser sans tomber mais le nombre de fois que tu es capable de te relever et de continuer à avancer vers le but fixé ? C'est le niveau de notre persévérance qui déterminera le degré de notre engagement à atteindre les buts qu'on s'est fixé. Didier Court un entrepreneur et auteur nous encourage à persévérer en disant : *Travaille avec courage et persévérance car la ténacité permet d'atteindre l'excellence* et John Quincy Adams ancien chef d'Etat va plus loin en disant : *Le courage et la persévérance ont un talisman magique devant lequel les difficultés disparaissent et les obstacles s'évaporent.*

- **Bénédiction**

Depuis ma tendre jeunesse j'ai appris que c'est la bénédiction de l'Eternel qui enrichit mais pour en profiter, il faut : Donner en premier pour apporter de la valeur aux autres. *Jésus traversait la ville de Jéricho. Or, il y avait un homme du nom de*

---

[77] Aimé Césaire dans *La tragédie du roi Christophe*
[78] Aimé Césaire dans *La tragédie du roi Christophe*

Zachée ; il était le chef des collecteurs d'impôts, et c'était quelqu'un de riche. Il cherchait à voir qui était Jésus, mais il n'y arrivait pas à cause de la foule, car il était de petite taille. Il courut donc en avant et grimpa sur un sycomore pour voir Jésus qui devait passer par là. Arrivé à cet endroit, Jésus leva les yeux et l'interpella : « Zachée, descends vite : aujourd'hui il faut que j'aille demeurer dans ta maison. » Vite, il descendit, et reçut Jésus avec joie. Voyant cela, tous récriminaient : « Il est allé loger chez un pécheur. » Mais Zachée, s'avançant, dit au Seigneur : « Voilà, Seigneur : je fais don aux pauvres de la moitié de mes biens, et si j'ai fait du tort à quelqu'un, je vais lui rendre quatre fois plus. » Alors Jésus dit à son sujet : « Aujourd'hui, le salut est arrivé pour cette maison, car lui aussi est un fils d'Abraham. En effet, le Fils de l'homme est venu chercher et sauver ce qui était perdu[79]. Quand tu te mets au service des autres en devenant pour eux une source de bénédictions, en retour Dieu prend soin de toi et t'accorde de la bénédiction. C'est le principe simple de la bénédiction : Donnez et il vous sera donné.

Ayant donc commencé à gagner de l'argent, la prochaine étape de l'enrichissement est d'épargner pour investir. Dans le livre intitulé : La Chèvre de ma mère - Le secret de la prospérité financière Ricardo Kaniama raconte une histoire que je vous transcris ici qui nous permettra de comprendre comment épargner pour investir en des termes très simple **:** *Le père de Ricardo était le propriétaire d'une ferme et des plantations de café. Il était un des hommes le plus riches de la région, ses enfants mangeaient de la viande à volonté et avaient une vie agréable. Malheureusement, lorsqu'il avait à peine 40 ans, suite à une brève maladie, le père de Ricardo décéda. Selon la coutume du village, les héritiers légitimes n'étaient pas l'épouse ou les enfants, mais la famille du décédé. Les cousins paternels deviennent alors les propriétaires de la ferme et des plantations. Par reconnaissance et par pitié, les héritiers offrent une chèvre à la mère de Ricardo et une autre à la coépouse de son mari. Avec cette seule chèvre, les deux femmes et leurs enfants font retour au leur village natal. Le début de cette nouvelle vie furent ont été durs pour les enfants qui, habitués à la viande, se sont retrouvé à manger des feuilles de manioc, des patates douces et de courges. Ils demandaient chaque*

---

[79]Évangile selon Luc 19, 1-10

jour à leur mère de tuer la chèvre pour la manger. Malgré les supplications des enfants, et la souffrance de ne pas satisfaire leur demande, elle refusait : « Je fais cela pour votre bien, car si vous ne mangez pas cette chèvre immédiatement, à la longue nous pouvons espérer consommer de la viande de temps en temps ». Et un beau matin, pour la grande joie de toute la famille, la chèvre donna naissance à une petite chèvre. Quelques mois plus tard, ce fut le tour de 2 jumelles. Grâce aux procréations de la chèvre et de ses petites, en quelques années la famille possédait un troupeau de chèvres et de boucs qui servait à leurs besoins d'alimentations et de scolarité.

Les choix de l'autre coépouse, et l'avenir de ses enfants, furent différents. Confrontée aux difficultés initiales, elle se résolut à tuer et à manger sa chèvre sans attendre. Sacrifiée pour satisfaire des besoins à court terme, cette chèvre ne put donc avoir une descendance. Lors d'une visite au village, la coépouse était très étonnée d'observer le troupeau de chèvres, et elle prit conscience qu'en sacrifiant son animal elle avait choisi la satisfaction immédiate aux dépens d'un avenir heureux. Les cousins héritiers de la ferme n'ont pas eu un futur d'abondance non plus. En pensant que la richesse qu'ils possédaient était sans fin, ils exterminaient les animaux et les plantations hérités dans un temps assez court. Ils se retrouvèrent sans rien au bout de quelques années. »

Cette histoire très simple a permis à Ricardo d'apprendre les deux principes des finances personnelles une grande leçon sur la richesse, qui lui a permis de devenir un grand homme d'affaire. Le premier principe de finances personnelles qu'il a appris, est qu'il faut économiser comme le dit les experts en finance 10% de ses revenus. Et le deuxième principe de finances personnelles est l'investissement. En investissant ses économies on arrive à générer des intérêts.

Maintenant il est important de dire que le processus d'enrichissement malgré le fait qu'il soit l'action cumulé du travail, de l'épargne et de l'investissement doit se faire suivant en suivant un certain nombre de règles. Car pour un bon rendement de son activité économique ou de son business, il faut nécessairement

a. **Faire des plans :** qu'il s'agisse du de dresser un business plan ou business model canevas

C'est une présentation couramment, attractive, ordonnancé utilisée pour communiquer sur votre projet en démontrant sa rentabilité ou sa non-rentabilité. En fait il s'agit ici de présenter de façon :

- Vrai : tout est basé sur des faits, des statistiques, des études, des opinions d'experts.
- Précise : il est important d'être clair en évitant de laisser paraitre des ambiguïtés c'est pour cela qu'il faut éviter d'utiliser le jargon du métier. Avant de le rendre publique, l'idéale voudrait que vous le fassiez lire par un tiers pour prendre son vis de personne neutre au projet.
- Concise : n'indiquez que ce qui est essentiel pour comprendre le projet et ce qui démontrer sa faisabilité ainsi que sa rentabilité.
- Cohérente : Il est important que les différentes sections du plan soient cohérents (texte, chiffres et calculs).
- Réaliste : démontrer que ce plan est réalisable et réaliste.
- Lisible : Le plan doit être bien écrit et grammaticalement correct. Utilisez la 3e personne, au lieu du « Je ».

Maintenant que cela est intégré, je voudrais vous dire qu'il n'y a une façon standard qu'on doit rédiger un business plan ou un plan d'affaire mais de façon générale, il faut que la rédaction expliquant les différents aspects du projet se fasse selon le schéma suivant qui a 8 grandes lignes à savoir :

- **Le contexte et la justification.**

C'est l'environnement dans lequel le projet va se dérouler et les motivations ou les raisons qui justifient son importance.

- **La présentation du promoteur.**

Il s'agit de se présenter ou de présenter l'individu ou le groupe d'individu en insistant sur les points forts qui contribuerait à la bonne conduite du projet sur le plan managériale et opérationnel. Donc s'il s'agit d'un individu, il faut faire ressortir ses atouts et ses acquis en rapport à l'activité et en plus pour le groupe d'individu ressortir les éléments de complémentarités entre eux.

- **L'étude de la localisation**

Le choix du lien d'implantation de son activité est important et déterminant pour la réussite d'une entreprise ou toute activité commerciale ou sociale. Elle tient compte des considérations religieuses, sociales, éthiques et autres. Par exemple vous ne pouvez pas venir implanter une vente de porc dans un quartier musulman car la nature de l'activité et le public cible sont les premiers éléments à prendre en compte. Localiser notre business consiste à adapter nos produits, services, contenu marketing, sites Web à la culture, langue, coutume, de notre client cible ou groupe de consommateur pour une meilleur adhésion des consommateurs.

- **L'étude du marché**

Une étude de marché est un travail d'exploitation marketing (sondages, statistiques, interviews...) destiné à analyser, mesurer et comprendre le fonctionnement réel des forces à l'œuvre dans le cadre d'un marché. Il s'agit d'une activité typiquement mise en œuvre dans le cadre de la démarche du marketing management.

Elle est donc la synthèse de divers éléments récoltés selon divers moyens ; la réponse sans ambiguïtés à des questions suivantes :

- Quels sont mes produits/services ?
- Qui sont mes clients ?
- Quelles sont leurs attentes ?
- Quelle est ma concurrence ?

Les principales raisons d'échec de la mise en marché de nouveaux produits sont les suivantes :

- Mal connaître les besoins du client ou penser les connaître sans vérifier auprès d'eux si les perceptions sont bonnes
- Ne voir que les forces de son produit ou service
- Penser qu'il n'y a pas de concurrence ou qu'elle est facile à déloger.

Le but recherché est adapter son produit pour que celui-ci satisfasse le besoin des consommateurs cibles

- **L'étude technique**

Elle est la présentation des éléments techniques du projet à travers la description détaillée du processus de production (matières utilisées, processus de production, technologies utilisées, capacité additionnelle de production, impact éventuel sur l'environnement...).il est aussi nécessaire de définir :

- les renseignements relatifs à la mise en place technique du projet, à travers une description détaillée du processus de production
- Il est nécessaire de décrire avec précision les différentes composantes de votre programme d'investissement (Constructions et aménagements prévus, investissements en matériel de production et en matériel roulant, avec une présentation de leurs caractéristiques techniques, planning de réalisation de constructions et d'aménagements, de l'installation du matériel et du démarrage du projet).
- Présenter tous les moyens matériels et humains de l'entreprise, appelés moyens d'exploitation.

  - Les moyens matériels : Le terrain (superficie, emplacement, mode d'acquisition, propriété, location...), superficie couverte et sa répartition (production, stockage, administration, espaces libres...)
  - Matériel de production : Liste du matériel : dans cette liste, il faut préciser l'état (neuf ou d'occasion), l'origine (étranger ou local), la capacité de production •
  - Moyens humains : ici il s'agira de donner la liste du personnel (permanent, saisonnier) et leurs qualifications et fonction dans le projet. Si tout le personnel ne sera pas nécessaire dès le début, il faudra dresser un plan de recrutement et un organigramme

- **L'étude financière**

L'étude financière est une phase importante avant de démarrer votre projet et elle doit statuer sur sa rentabilité et sur la possibilité de le financer, donc :

- Evaluer le coût prévisionnel du projet ;
- Identifier les risques financiers du projet ;
- Elaborer son plan de financement ;
- Analyser son équilibre financier ;
- Evaluer sa rentabilité ;
- Identifier les sources de financement (internes et/ou externes).

Ceci dit, avant de vous lancer dans une étude financière, établissez d'abord une analyse stratégique afin de bien identifier vos forces et vos opportunité.
L'étude financière doit comporter 3 volets essentiels :

1. Un plan d'investissements
2. Un compte de résultats prévisionnels
3. Un tableau de trésorerie

- **La rentabilité**

L'étude de rentabilité permet de déterminer si votre projet d'affaires sera rentable, c'est-à-dire si l'entreprise que vous projetez de créer fera suffisamment de revenus (R), et surtout de bénéfices (B), pour assurer sa survie et sa croissance par la suite. Pour mener à bien cette étude, vous avez besoin de renseignements recueillis dans votre étude de marché et dans votre étude de faisabilité. Le calcul seuil de rentabilité correspond au niveau d'activité minimum à partir duquel l'activité de votre projet devient rentable. Il s'agit donc du moment à partir duquel les revenus obtenus couvrent l'ensemble des coûts (fixes et variables) de votre entreprise. Si votre travail a été réalisé de façon efficace à l'étape de l'étude de rentabilité, votre travail à l'étape de préparation et de rédaction du Plan financier restera en fin de compte uniquement du travail de présentation, afin de tenir compte des exigences des lecteurs visées.

- **La conclusion**

La conclusion d'un business plan est la partie la plus intéressante et ne se trouve pas nécessairement en fin du document mais dans le résumé pour deux raisons :

- *Tout d'abord parce que le résumé contient la synthèse de votre plan, le reste du business plan n'a pour objectif que de renforcer et de justifier les points avancés dans celui-ci, ce qui en fait donc un endroit naturel pour conclure le plan.*

- *Ensuite (et surtout ?) car c'est très probablement la seule partie du business plan qui sera lu par le destinataire du plan !*[80]

b. Bien recruter

Quand vous cherchez des gens à recruter, vous devez rechercher trois qualités : l'intégrité, l'intelligence et l'énergie. Et s'ils ne possèdent pas la première, les deux autres vous tueront.[81]Cette citation nous interpelle sur la nécessité de bien s'entourer car l'erreur de recrutement peut nous être fatale et plomber toutes les prévisions de profits.
Dans un article de Laurent BODHAINE, Directeur des offres de AIKIS, il nous est présenté deux canaux d'un bon recrutement à savoir :

- ***La bonne annonce***

Un bon recrutement commence par une bonne annonce. Si vous cherchez un peintre en bâtiment confirmé et que vous ne recevez que des CV de jeunes diplômés de l'École nationale supérieure des beaux-arts : votre annonce manque probablement de précision. Définissez bien votre entreprise, la fonction du poste et les compétences minimales attendues. Précisez une fourchette réaliste de salaire. Indiquez ce que l'entreprise attend et ce qu'elle peut apporter à ses salariés.

- ***L'entretien***

---

[80]Blog de business plan**titre :** Où et comment écrire la conclusion d'un business plan?
[81]***Warren Buffet***

Le premier vous fera un véritable show et répondra parfaitement à toutes vos questions, surtout celles préparées par votre service RH. Le second sera hésitant, tombera dans tous les pièges. Interrogé sur ses compétences métier, il sera plein de doutes car plus on avance plus on rencontre de difficultés.

c. Manager et coacher ces équipes : pourquoi coacher son équipe ? c'est pour les développer personnellement, construire des équipes solides et efficaces, accroitre les finances de son entreprise

Dans un article du blog de management du 31 août 2018, Annette Chazoule explique s*i le manager est un pilier, une référence pour dans son équipe, il est également un influenceur. En plus de donner du sens, organiser et décider, son rôle est de faire progresser ses équipes.* Pour elle *adopter la posture de manager coach, c'est jouer de son influence pour aider ses collaborateurs à devenir plus autonomes, plus à même de changer dans leurs comportements et leurs pratiques professionnelles.* Elle termine en disant que *le manager doit être capable de changer de comportement, d'attitude pour :*

- *aider un collaborateur dans une difficulté,*
- *permettre de dépasser des craintes,*
- *développer un potentiel,*
- *régler un conflit ou accompagner un changement.*

Quand nous réussissons à devenir pour nos collaborateurs des coachs manager, nous réussissons à les transmettre la vision que nous avions en montant ce projet et ils deviendront automatiquement des maillons forts pour l'atteinte de nos objectifs.

RESUME

L'homme dans sa recherche du pain quotidien interagi en bien net en mal avec son environnement or la vraie sagesse nous a recommandé d'enlever de nos comportements tout ce qui pollue notre environnement pour permettre que la beauté et la splendeur de l'ensemble apparaissent, de diviser ou soustraire là où il y a trop où aérer le lieu et replanter l'excédent ailler pour multiplier les espèces. Ces gestes que je résume ici peuvent nous permettraient à l'homme de gagner une plus-value et accroitre ces revenus car quand la plante, et les animaux sont content, il nous donnerons le meilleur d'eux même ce qui augmentera à cout sur nos revenus. Il est aussi vrai que la prospérité répond à une loi naturelle, celle de l'épargne et de l'investissement. Ce qui signifie tout simplement que si tu veux devenir un jour financièrement riche, épargner dans ce que tu as pour investir dans des activités qui te permettrons de fructifier ton capital et gagner des intérêts cumuler sur le long terme. C'est dans une partie du bénéfice qu'on peut planifier investir dans son loisir, son confort et son bien-être. La bénédiction viendra donc pour arroser l'ensemble ce qui vous permettra de vivre heureux dans le monde meilleur.

Tout ceci doit se faire après avoir planifier l'ensemble de ce que nous voulons, de comment nous le voulons et quand afin de rendre visible notre projet de vie pour être capable de l'évaluer à court, moyen, et long terme et ajuster sa stratégie au fur et à mesure.

CONCLUSION

Nous avons tout au long de cet ouvrage étudié pourquoi tant de maux ? et nous avons recherché la clé du succès dans ce monde en pleine mutation en répondant à la question de savoir comment pouvons-nous vivre dans ce monde malgré les calamités comme des frères. Pour cela nous avons cherché à nous connaitre, connaitre d'où nous venons, connaitre Dieu notre créateur grâce à qui l'impossible devient possible, connaitre notre environnement et connaitre comment s'enrichir. Nous avons vu que notre rôle en tant qu'homme n'est pas d'attiser les conflits mais d'en résoudre le plus possible. Et je puis vous garantir que si les hommes s'appropries ces quelques paroles et commence par apprendre à se connaitre et se changer pour impacter plus tard les autres, nous entendrons de moins à moins d'homme dire *: Je suis riche ! J'ai amassé des trésors ! Je n'ai besoin de rien !* Celui qui tient ce discours ne se rend pas compte qu'il *est misérable et pitoyable, qu'il est pauvre, aveugle et nu !*[82]Car de nouvelles mentalités auront vu le jour. La logique populaire a toujours voulu qu'il y'ait un gagnant et un perdant mais moi je dis tout le monde peut gagner à partir du moment où on aura appris de ces échecs soit ou on aura contribué à bâtir un monde plus juste. Je ne le répèterai jamais assez le succès devraient contribuer à rendre nous et notre semblable heureux : c'est la clé du succès. Oui dans notre monde en pleine mutation, la connaissance dans tous ces aspects devrait nous aider à travailler notre mental pour devenir des hommes dont le monde a besoin au lieu de demeurer où d'imiter « ces cons » qui n'ont pour seule devise : tout pour moi et rien pour les autres.

Les gens se sont toujours battus à devenir des stars, des hommes adulés, des hommes à succès alors que le vrai but de tout individus devrait être de chercher à devenir des légendes vivantes dont le nom restera en souvenir du bon vieux temps.

Pendant que je rédigeais cet ouvrage j'ai assisté à la levé du confinement du au covid19 dans plusieurs pays et en échangeant avec mes semblables, nous avons observés que les gens se ruait dans les lieux de plaisirs et de loisirs comme si c'était le plus important. J'ai été contraint de constaté avec amertume comme Salomon que *: le bonheur qui convient à l'homme est de manger, de boire et de jouir de ce qui est*

[82]Apocalypse3 : 17

bon au milieu de son travail qui lui donne tant de peine sous le soleil, pendant les jours que Dieu lui donne à vivre ; c'est là ce qui lui revient.[83]Pour tous ceux-là voici quelques paroles de sagesse que je partage car dans ce monde en pleine mutation en attendant l'avènement d'un monde meilleur *: Lance ton pain sur les eaux car, avec le temps, tu le retrouveras. Partage ton bien avec sept autres ou même avec huit, car tu ne sais pas quel malheur peut arriver sur la terre. Quand les nuages sont pleins, il pleut à verse sur la terre. L'arbre reste à l'endroit où il est tombé, que ce soit vers le sud ou vers le nord. Celui qui guette sans cesse le vent n'ensemencera jamais et celui qui observe toujours les nuages ne moissonnera pas. Tu ignores quel est le chemin du vent, et tu ne sais pas comment se forment les os de l'embryon dans le sein de sa mère ; de même, tu ne connais pas l'œuvre du Dieu qui fait toutes choses. Dès le matin, répands ta semence et, jusqu'au soir, n'accorde pas de repos à ta main, car tu ne sais pas ce qui va réussir, si une chose ou une autre, ou bien les deux, seront un succès.*

Douce est la lumière et il est bon de voir le soleil. C'est pourquoi, si l'homme vit de nombreuses années, qu'il les passe toutes dans la joie, mais qu'il n'oublie pas que les jours sombres seront nombreux et que tout ce qui est à venir est dérisoire.

Et à toi *Jeune homme, réjouis-toi dans ton adolescence ! Que ton cœur soit en fête aux jours de ta jeunesse ! Suis donc les élans de ton cœur et tout ce qui te fait plaisir, mais n'oublie pas que Dieu te demandera compte de tout ce que tu fais. Bannis le chagrin de ton cœur, écarte la souffrance, car la jeunesse comme l'aurore passe bien vite*[84]*. Tiens compte de ton Créateur au temps de ta jeunesse, avant que ne t'adviennent les jours mauvais et avant que ne viennent les années dont tu te diras : « Je n'y prends pas plaisir ! » ; avant que s'obscurcissent le soleil, la lumière, et que la lune et les étoiles ne perdent leur éclat, et que les nuées reparaissent sitôt après la pluie. C'est l'époque où titubent les gardes du palais et où fléchissent les hommes vigoureux, où les servantes du moulin cessent de moudre, étant trop peu nombreuses, où les guetteurs derrière les treillis se voilent ; où les deux battants de la porte se ferment sur la rue, où le bruit de la meule baisse et s'éteint. C'est le temps où le cri d'un oisillon suffit pour chasser le sommeil, où la voix des chanteurs s'éteint ; le temps où l'on redoute la moindre pente, et où l'on a peur en chemin : l'amandier a*

[83]Ecclesiaste 5 : 17
[84]Ecclésiaste 11

fleuri, la sauterelle devient pesante, la câpre même demeure sans effet. Car l'homme va rejoindre sa demeure éternelle et, déjà, les pleureuses s'assemblent dans les rues. Oui, tiens compte de Lui avant que ne se rompe le fil d'argent, que ne se brise la coupe d'or, et que la jarre ne se casse à la source, que la poulie brisée ne tombe dans le puits, que la poussière ne retourne à la terre d'où elle était venue, que le souffle de vie ne remonte vers Dieu qui l'a donné. Vanité des vanités, dit le Maître. Oui, tout est dérisoire.

Non seulement le Maître fut un sage, mais il a enseigné la science au peuple. Il a pesé, examiné et mis en forme un grand nombre de proverbes. Il s'est efforcé de trouver des paroles agréables et d'écrire avec justesse des vérités. Les paroles des sages sont comme des aiguillons et les recueils de leurs sentences ressemblent à des clous bien plantés. Elles émanent toutes d'un seul et même Berger. Que mon disciple n'y ajoute rien. On peut multiplier les livres sans fin et le corps se fatigue à force d'étude.

Ecoutons bien la conclusion de tout ce discours : Sois rempli de respect pour Dieu et obéis à ses commandements, car c'est là l'essentiel pour l'homme. En effet, Dieu jugera toute œuvre, même celles qui ont été accomplies en cachette, les bonnes et les mauvaises.[85]

Si ces quelques paroles sont respectées et l'urgence de la situation s'y prête, nous n'aurons plus ces cons mais des hommes et des femmes loyaux, intègres, tolérants aimant la justice et l'équité. Nous pourrons donc en ce moment faire face ensemble comme des frères à toute menace qui viendraient déstabiliser notre harmonie et notre stabilité. Nous ne serons pas certes tous riches mais la valeur du travail de chacun sera justement évaluée et chacun mangera à la sueur de son front. Voilà le monde meilleur que nous devons bâtir, voilà le monde que le créateur nous avait réservé. En attendant donc de vivre cet idéal, que chacun en ce qui le concerne ayant lu cet ouvrage, reconsidère ses voies et changes en bien pour le bonheur de l'univers tout entier. Je dis bien l'univers tout entier car nos actions en tant qu'humain influent sur l'ensemble. Et s'il y'a bien quelque chose à retenir en conclusion de cet essai c'est ceci :*Se connaître nous fait plier le genou, posture indispensable à*

[85]Ecclésiaste 12

l'amour. Car la connaissance de Dieu engendre l'amour, et la connaissance de soi engendre l'humilité.[86]

Merci je vous aime.

[86]Mère Thérésa

Printed by Books on Demand GmbH, Norderstedt / Germany